초등 자본주의 학교

저자 김상규

한국경제교육학회 회장, KDI 경제모니터전문가위원, 중등 임용고시 출제위원, 교과용 도서 검정심의회 심의위원장(고등학교 통합사회), 관세직시험 출제위원, 교과용 도서 검정위원, 국정도서 심의위원, 고용노동부 지역일자리 컨설팅 위원 등을 맡아 왔어요. 현재는 대구교육대학교 사회교육과 명예교수(경제학 박사), 유튜브 '동요 경제'와 '유행가 경제' 방송, 수필가로 활동하고 있어요. 다년간 텔레비전(KBS, MBC, EBS, TBC) 및 라디오(KBS, SBS, CBS, 국립국악원, 서울·대구교통방송)에 출연하여 〈책, 내게로 오다!〉, 〈속담으로 풀어본 생활경제〉, 〈우리 아이 경제교육 어떻게 하면 좋을까?〉 등의 주제로 방송도 해왔어요. 대한민국 경제교육대상, 황조근정훈장을 받았어요.

저서로는 『생각학교 초등 경제 교과서(개정판: 제1권 시장 경제, 제2권 기업과 기업가 정신, 제3권 돈의 흐름, 제4권 정부의 경제 활동, 제5권 지구촌 경제)』, 『속담 먹고 경제 잡고』, 『왜 세상에는 가난한 사람과 부자가 있을까요』, 『캥거루족, 주머니에서 탈출』(한국출판문화산업진흥원 2016년 우수출판 콘텐츠 선정작, 청소년 추천도서), 『군자의 경제』(한국출판문화산업진흥원 2017년 우수출판 콘텐츠 선정작), 『민요와 경제학의 만남』(한국연구재단 인문저술 출판지원 도서) 등이 있어요.

초등 자본주의 학교 2 생활과 금융

초판 1쇄 인쇄 2023년 2월 17일
초판 1쇄 발행 2023년 3월 2일

지은이 김상규
발행인 박효상
편집장 김현
기획·편집 장경희, 김효정
디자인 임정현
마케팅 이태호, 이전희
관리 김태옥
편집 진행 최주연
조판 조영라
삽화 조에스더

종이 월드페이퍼   **인쇄·제본** 예림인쇄·바인딩

출판등록 제10-1835호   **발행처** 사람in   **주소** 04034 서울시 마포구 양화로 11길 14-10 (서교동) 3F
전화 02) 338-3555(代)   **팩스** 02) 338-3545   **E-mail** saramin@netsgo.com
Website www.saramin.com

책값은 뒤표지에 있습니다.
파본은 바꾸어 드립니다.

ⓒ 김상규 2023

ISBN 978-89-6049-992-8 74320
     978-89-6049-990-4 (set)

우아한 지적만보, 기민한 실사구시 사람in

어린이제품안전특별법에 의한 제품표시		
제조자명 사람in	**전화번호** 02-338-3555	
제조국명 대한민국	**주 소** 서울시 마포구 양화로 11길 14-10 3층	
사용연령 5세 이상 어린이 제품		

초등
자본주의
학교

김상규 교수(경제학 박사) 글

② 생활과 금융

금융을 알고 경제 현황을 파악해
돈을 관리해요

금융과
금융 기관

인플레이션과
디플레이션

수입과
지출 관리

초등 자본주의 학교는?

① 책 소개
이 책의 기획 의도가 무엇인지 저자가 직접 설명해 줘요.

② 주제 소개
이 장에서 어떤 내용을 배울지 알려 줘요.

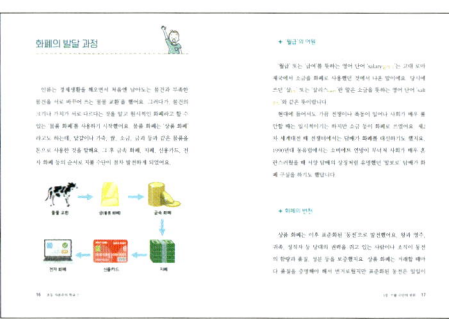

③ 주제 자세히 알기
각 장의 주제에 관련된 이야기를 세분화해서 경제생활에 꼭 필요한 내용을 자세히 설명해 줘요.

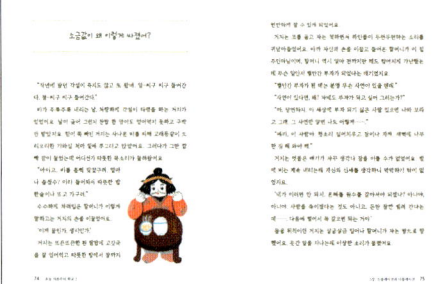

④ 동화로 보는 금융
우리 생활 속에서 있을 법한 금융 관련 이야기들을 동화로 구성했어요.

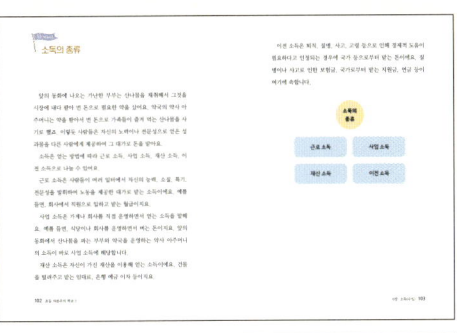

⑤ 금융 이야기
동화 속에 어떤 금융 관련 이야기가 담겨 있는지 알려 주고, 각 장에서 다루려는 주제를 짚어 줘요.

⑥ 세상 속으로
신문, 방송, 일상생활 속에서 접하는 이야기 중에서 각 주제와 연결된 금융 이야기를 풀어내요.

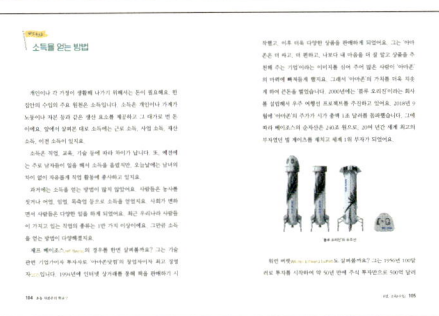

⑦ 궁금해요!
각 장에서 다룬 내용 중에서 더 알아보고 싶거나 궁금해할 만한 질문을 살펴보고, 그에 대한 답까지 알려 줘요.

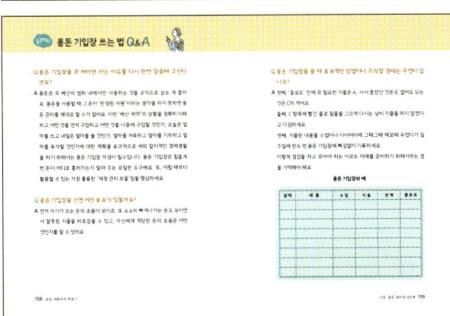

⑧ 쏙쏙! 금융 용어
본문에서 다룬 내용에서 중요한 용어들을 다시 한번 정리했어요.

초등 자본주의 학교

2권 생활과 금융

차례

1장 | 지불 수단의 변화

화폐의 발달 과정 · 16

현금, 신용카드, 직불카드, 전자 상거래의 장단점 · 20

현명한 신용카드 사용법 · 22

2장 | 금융과 의사 결정

금융 · 28

개인 재무 관리 · 34

3장 | 금융 기관

- _{동화로 보는 금융} 돈이 너무 많아 걱정이에요 • 40
- _{금융 이야기} 금융 기관의 역할 • 42
- _{세상 속으로} 금융 기관과 금융 정책 • 44
- 금융 기관의 종류 • 46
- 금융 기관에서 하는 일 • 50
- _{궁금해요!} 금융감독원 Q&A • 52

4장 | 한국은행

- 은행들의 은행 • 56
- _{동화로 보는 금융} 멋진 집을 사고 싶은데 돈이 부족해! • 57
- _{금융 이야기} 이자율과 투자 • 63
- _{세상 속으로} 적절한 통화량 • 64
- 금융 정책 • 66

5장 | 인플레이션과 디플레이션

- _{동화로 보는 금융} 소금값이 왜 이렇게 싸졌어? • 74
- _{금융 이야기} 인플레이션 • 79
- _{세상 속으로} 인플레이션과 경제 • 81

- 동화로 보는 금융 배가 터져 버린 엄마 개구리 • 84
- 금융 이야기 디플레이션 • 87
- 세상 속으로 디플레이션과 경제 • 88
- 궁금해요! 여러 나라의 인플레이션 Q&A • 91

6장 | 소득(수입)

- 소득이란? • 98
- 동화로 보는 금융 산나물 팔아서 • 99
- 금융 이야기 소득의 종류 • 102
- 세상 속으로 소득을 얻는 방법 • 104

7장 | 지출

- 지출이란? • 110
- 동화로 보는 금융 경제 요정 선발 대회 • 111
- 금융 이야기 합리적인 소비 • 116
- 세상 속으로 합리적인 소비를 하려면 • 117
- 동화로 보는 금융 개 발에 편자, 돼지 목에 진주 목걸이 • 120
- 금융 이야기 격에 맞지 않는 소비 • 123
- 세상 속으로 비합리적인 소비를 멀리하는 지혜 • 124

8장 | 수입과 지출 관리

- **동화로 보는 금융** 예산은 어떻게 세우나요? • 130
- **금융 이야기** 용돈 관리와 예산 • 133
- **세상 속으로** 예산의 중요성 • 134
- **동화로 보는 금융** 알뜰 주부, 우리 엄마! • 136
- **금융 이야기** 매일 실천하는 생활 속 절약 비결 • 139
- **세상 속으로** 나의 작은 실천이 경제를 살려요 • 140
- 수입과 지출의 관리 요령 • 141

9장 | 용돈 관리의 4단계

- 용돈과 용돈 기입장 • 146
- **동화로 보는 금융** 록펠러의 '회계 장부 A' • 149
- '합리적인 경제인'을 만드는 4단계 용돈 관리 • 153
- **궁금해요!** 용돈 기입장 쓰는 법 Q&A • 158

쏙쏙! 금융 용어 • 160
참고 문헌 • 162

개념부터 배경지식까지 재미있게 풀어 쓴

초등 자본주의 학교

자본주의는 4가지 큰 힘을 가지고 있습니다.

첫째, 시장 경제의 힘입니다. 생산자와 소비자 모두에게 이익을 안겨 주도록 인도하는 것은 '가격'으로, 경제학의 아버지 애덤 스미스는 이것을 '보이지 않는 손'이라고 했습니다. 생산자는 시장 가격에 맞추어 더 좋은 상품을 내놓기 위해 경쟁하고, 이로 인해 경제는 더욱 발전하죠.

둘째, 이윤 추구의 힘입니다. 최대의 이익을 위해 최고의 열정을 쏟는 사람들은 기업가로, 더 많은 이윤 추구를 위해 이들은 기술 발달과 경영 합리화를 위해 노력합니다. 이런 노력의 결과들로 경제는 또 발전하죠.

셋째, 사유 재산 제도의 힘입니다. 사람들은 왜 열심히 일할까요? 일한 만큼 보상을 받기 때문이에요. 자신이 가진 재산을 마음대로 소유·사용·처분할 수 있으므로, 이러한 기쁨을 맛보기 위해 사람들은 모든 열정을 쏟아 일합니다. 사유 재산 제도의 이러한 매력은 경제를

더욱 역동적으로 움직이게 하고 발전적으로 이끌어 주죠.

마지막은 노동력 상품화의 힘입니다. 자본주의 사회에서는 자본가와 노동자가 서로 협력하면서 살아갑니다. 노동자는 더 높은 임금을 받기 위해 기술 개발과 전문성 갖추기 등에 최선을 다하고, 이런 노동력의 상품화는 자본주의 경제를 더욱 발전시키죠.

《초등 자본주의 학교》에서 이런 자본주의의 큰 힘들이 어떻게 서로 작동하고 관계를 맺는가에 대해 탐구할 수 있도록 도와줍니다.

돈의 관리, 부자가 되는 지름길
생활과 금융

    돈은 인간이 만든 가장 위대한 발명품이에요. 사람들이 돈을 만든 이유는 물건과 물건을 서로 바꾸는 '물물 교환'을 하는 것보다 필요한 물건을 돈을 가지고 사고파는 것이 훨씬 더 편리하기 때문이었어요. 편리하고 빠르게 거래가 이루어지니 경제생활은 더욱 발전하게 되었죠. 많은 돈을 벌기 위해서는 인플레이션과 디플레이션 등 경제 흐름을 이해하는 것과 낭비 없이 합리적으로 잘 소비하는 것이 매우 중요해요. 부자가 되려면 자신이 번 돈의 범위 내에서 무리하지 않게 지출하기 위해 '예산'을 세워 그에 맞춰 소비하는 것, 돈에 대한 정확한 이해와 상황에 맞는 돈 관리가 꼭 필요하는 뜻이죠.

    『생활과 금융』편에서는 '현명한 신용카드 사용법', '합리적 재무 관리', '금융 기관에서 하는 일', '인플레이션과 디플레이션', '소득을 얻는 방법', '합리적 소비', '비합리적 소비를 멀리하는 방법', '수입과 지출의 관리', '합리적 경제인을 만드는 용돈 관리 4단계' 등에 대해 알려 줄

거예요.

 '더 큰 것을 얻으려면 더 큰 그릇을 구하라.'는 격언이 있어요. 준비한 그릇의 크기에 따라 얻는 것도 달라진다는 뜻이지요. 여러분은 더 큰 것을 얻고 싶나요, 더 작은 것을 얻고 싶나요?

김상규(경제학 박사)

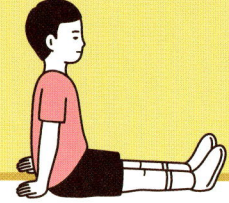

1장

지불 수단의 변화

- 화폐의 발달 과정
- 현금, 신용카드, 직불카드, 전자 상거래의 장단점
- 현명한 신용카드 사용법

화폐의 발달 과정

 인류는 경제생활을 해오면서 처음엔 남아도는 물건과 부족한 물건을 서로 바꾸어 쓰는 '물물 교환'을 했어요. 그러다가, 물건의 크기나 가치가 서로 다르다는 것을 알고 원시적인 화폐라고 할 수 있는 '물품 화폐'를 사용하기 시작했어요. 물품 화폐는 '상품 화폐'라고도 하는데, 달걀이나 가죽, 쌀, 소금, 금괴 등과 같은 물품을 돈으로 사용한 것을 말해요. 그 후 금속 화폐, 지폐, 신용카드, 전자 화폐 등의 순서로 지불 수단이 점차 발전하게 되었어요.

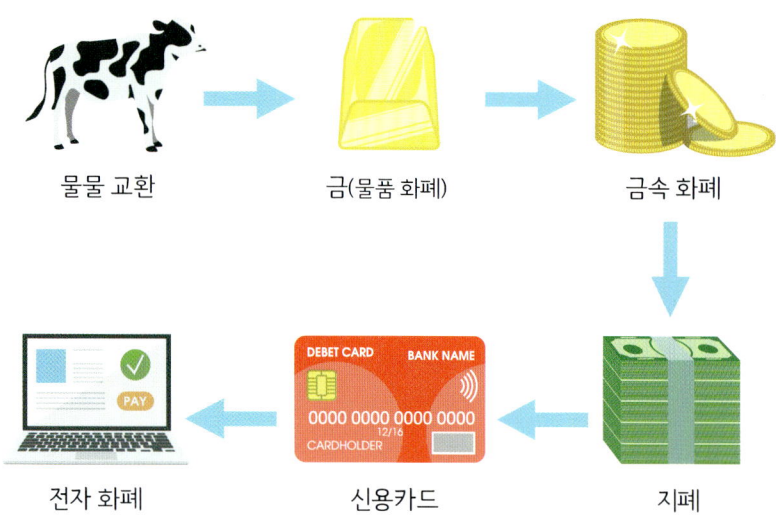

✦ '월급'의 어원

'월급' 또는 '급여'를 뜻하는 영어 단어 'salary샐러리'는 고대 로마 제국에서 소금을 화폐로 사용했던 것에서 나온 말이에요. 당시에 쓰던 '살sal' 또는 '살리스salis'란 말은 소금을 뜻하는 영어 단어 'salt솔트'와 같은 뜻이랍니다.

현대에 들어서도 가끔 전쟁이나 폭동이 일어나 사회가 매우 불안할 때는 일시적이기는 하지만 소금 등이 화폐로 쓰였어요. 제2차 세계대전 때 전쟁터에서는 담배가 화폐를 대신하기도 했지요. 1990년대 동유럽에서는 소비에트 연방이 무너져 사회가 매우 혼란스러웠을 때 서양 담배의 상징처럼 유명했던 '말보로' 담배가 화폐 구실을 하기도 했답니다.

✦ 화폐의 변천

상품 화폐는 이후 표준화된 '동전'으로 발전했어요. 왕과 영주, 귀족, 성직자 등 당대의 권력을 쥐고 있는 사람이나 조직이 동전의 함량과 품질, 성분 등을 보증했지요. 상품 화폐는 거래할 때마다 품질을 증명해야 해서 번거로웠지만 표준화된 동전은 일일이 품질을 증명하지 않아도 되니 사용하기가 좀 더 편리했어요.

또, 표준화된 화폐는 돈을 만들어 내는 사람에게도 상당한 이익을 안겨 주었어요. 쌀이나 소금, 삼베 등은 양이 같아도 품질이 차이가 나는 경우에는 가치가 달라 거래가 매우 복잡해지고 거래 시간도 오래 걸릴 수 있어요. 즉, '경제의 속도'가 매우 더뎌 효율성이 떨어지죠. 하지만 거래 수단을 동전으로 단일화하니 여러 가지 복잡한 절차가 생략되어 일 처리가 매우 빨라지고 불필요한 비용을 쓸 일도 없어진 거예요. 이렇게 절감한 비용과 시간을 생산에 집중적으로 투자하여 제품을 보다 많이, 빠르게 생산할 수 있어 그만큼 경제가 발전하게 되었어요. 그래서 권력자들은 적극적으로 화폐 표준화를 선언하고 화폐 제도를 정비하는 데 힘썼답니다.

그다음으로 '법정 화폐'가 등장했어요. 귀금속으로 만든 돈이 아니라 중앙 정부 또는 중앙은행이 법적으로 '화폐'임을 인정하고 강제로 통용시킨 것이에요.

법정 화폐를 찍어내는 발행자가 누리는 이익과 권리는 표준 화된 동전을 만들어 내던 시기와 마찬가지인 것 같지만 사실 그보다 더 큰 이익을 누린다고 할 수 있어요. 왜냐하면 동전 화폐는 비싼 귀금속으로 만들었지만 법정 화폐의 기본인 종이돈을 만드는 비용은 이보다 적게 들기 때문이에요. 현재 각 나라의 중앙은행이 발행하는 돈이 대표적인 법정 화폐로, 단돈 몇십 원으로 1만 원, 5만 원짜리 화폐를 찍어 낼 수 있어요.

오늘날 세계 여러 나라에서는 현금 대신 편리하게 사용할 수 있는 새로운 개념의 '전자 화폐'를 널리 활용하고 있어요. 전자 화폐는 IC 카드형과 네트워크형으로 나눌 수 있어요. IC 카드형 전자 화폐는 전자 지갑형 전자 화폐라고 해요. 예를 들면, 우리나라의 티머니 교통카드 같은 것이지요. 또, 충전 방식으로 쓰는 교통카드도 있어요.

네트워크형 전자 화폐는 가상 은행이나 인터넷과 연결된 고객의 컴퓨터에 저장되는 것인데, 사이버코인cyber coin과 이캐시e-cash가 있어요. 우리나라에는 데이콤의 사이버패스와 삼성카드의 올앳 등이 있지요.

전자 화폐는 휴대가 편리하고, 현금 화폐를 제작하는 비용을 줄일 수 있다는 장점이 있어요. 또, 현금을 수송하거나 보관하는 데 비용을 들이지 않아도 되고, 현금 분실이나 도난의 위험이 적어요. 그리고 청구서나 송금 의뢰서 등 종이 작업 없이 신속한 처리를 할 수 있지요.

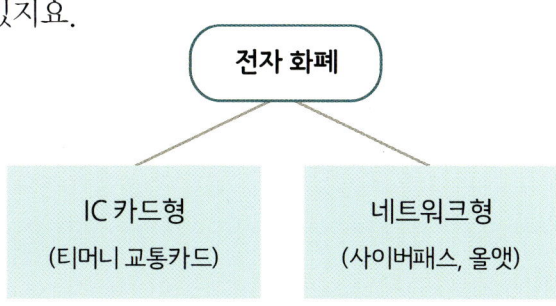

현금, 신용카드, 직불카드, 전자 상거래의 장단점

　오늘날 널리 쓰이는 지불 수단의 종류로는 현금, 신용카드, 직불카드가 있어요. 현금은 모든 거래에서 가장 널리 쓰여요. 하지만 작은 액수의 거래에서의 편리함보다 큰 액수의 거래에서 있을 수 있는 불편함이 더 커요. 현금을 소지하고 다니는 불편함, 소매치기의 위험, 큰 액수의 돈을 일일이 헤아리고 확인해야 하는 번거로움 등이 있어요.

　대체로 후진국에서는 현금 거래가 많지만, 선진국에서는 현금 거래보다 신용카드나 전자 화폐 등의 거래가 더 많이 이루어지고 있어요. 신용카드는 한 달간 사용한 금액을 일정한 기간 후에 지불하게 되며, 직불카드(체크카드)는 사용 즉시 계좌에서 돈이 빠져나가죠.

신용카드와 직불카드의 비교

	신용카드	직불카드
출금 시점	지정한 결제일 또는 매월 25일	결제 즉시
매출 취소	가능	가능
할부	가능	불가능
사용 한도액	카드 회사에 따라 다름	본인 계좌 잔액 범위 내
현금 서비스	가능	불가능
카드론(대출)	가능	불가능
소득 공제	총 급여액의 25% 초과 시 카드 사용액의 15%	총 급여액의 25% 초과 시 카드 사용액의 30%

오늘날에는 전자 상거래도 널리 활용되고 있어요. 전자 상거래는 개인, 기업 내 및 기업 간, 그리고 국가 내 혹은 국가 간 거래와 관리의 모든 과정을 신용카드 지급 시스템, 전자 현금 시스템, 전자 수표 시스템, 전자 자금 이체 등 전자적으로 처리하는 것을 말합니다.

인터넷으로 물건을 사면서 무통장 거래, 계좌 이체, 카드, 핸드폰 등으로 거래할 수 있어 편리하고 시간과 비용을 절감할 수 있다는 장점이 있지요. 그러나 시장이나 백화점 등에서 거래하는 것과 달리 물건을 직접 확인하기 곤란하고, 충동구매의 유혹에 빠지기 쉬우며, 다른 사람들로부터 해킹을 당할 위험이 있습니다.

현명한 신용카드 사용법

요즘에는 현금으로 물건을 사기보다는 신용카드로 구매하는 경우가 훨씬 많지요. 심지어 일부 버스 회사에서는 '현금 없는 버스' 제도를 운영하고 있어요.  요금을 현금으로 받지 않아서 신용카드나 신용카드와 연결된 교통카드가 없으면 돈이 있어도 버스에 탈 수 없지요.

몇 년 후면 여러분도 자신의 이름으로 발급해 사용하게 될 신용카드, 어떻게 하면 현명하게 사용할 수 있을까요?

• 신용카드를 사용할 때는 다음 사항을 반드시 명심해야 해요.

① 신용카드는 플라스틱 카드가 아니라 화폐입니다.

② 분수에 맞지 않는 무분별한 소비 생활은 안 됩니다.

③ 잘 쓰면 약이지만, 잘못 쓰면 독이 될 수 있습니다.

• 은행 등 금융 기관으로부터 신용카드를 신청해서 받았으면 다음과 같이 하세요.

① 비밀번호는 남이 알아내기 어려운 것으로 정합니다.
② 카드를 받으면 카드 뒷면에 즉시 서명합니다.
③ 카드 번호와 카드 관련 사고 신고 전화번호를 따로 기록해 둡니다.
④ 카드는 5년마다 갱신을 하게 되는데, 일정 기간이 지나도 카드를 받지 못하면 카드 회사에 확인합니다.

• 신용카드로 결제할 때는 다음을 주의하세요.

① 값이 비싼 제품은 결제일과 먼 날을 택해 삽니다. 그것이 이익입니다.
② 상점에서 결제할 때 금액이 잘못 찍히거나 다른 손님의 카드와 바뀌는 등 실수가 발생할 수도 있으니 결제 과정을 반드시 지켜봅니다.
③ 결제 금액이 5만 원 이상일 경우에는 서명을 하는데, 이때 영수증에 금액, 업체 이름, 주소 등을 확인하는 것이 좋습니다.

• 카드 한도액(한 달 동안 쓸 수 있는 액수)은 자신의 소득 수준에 맞게 설정하세요.

(1) 카드 대금은 소득의 25%를 넘지 않도록 합니다.

자신의 소득이 100만 원일 경우, 카드 대금은 25만 원 범위 내에서 사용하는 것이 좋다는 뜻이에요.

(2) 한도가 높다고 무조건 좋은 것이 아님을 명심합니다.

예를 들어, 한도가 300만 원인 신용카드로 200만 원을 4개월 할부로 결제할 경우, 남은 한도는 100만 원이 됩니다. 하지만 다음 달 결제일에 50만 원을 갚게 되면, 갚은 금액만큼의 한도는 다시 채워지게 되죠. 즉, 4개월 할부로 200만 원을 모두 납부해야 한도가 다시 300만 원이 되는 거예요.

'신용카드 이용 = 부채(빚)의 발생'으로 볼 수 있어요. 한도가 높다는 것은 빚을 그만큼 많이 질 가능성이 있다는 뜻이에요. 또, 한도액을 꽉 채웠다는 것은 이용자가 돈을 그만큼 최대로 빌렸다, 즉 빚이 그만큼 많다는 뜻임을 알아야 해요. 카드를 쓴다는 것은 공짜 돈을 쓰는 것이 아니라 빚을 지는 것이고, 그 빚을 갚느라 앞으로의 생활이 힘들어질 수도 있음을 늘 명심해야 하죠.

- 신용카드의 장점과 단점을 정확히 알고 사용하는 것도 중요해요.

(1) 현금을 가지고 다닐 때 겪을 수 있는 사고를 피할 수 있

습니다.

현금을 가지고 다니면 도난이나 강도를 당할 위험이 높아요. 이에 비해 카드는 이러한 위험성이 적어요. 카드를 도난당하거나 분실했더라도 즉각 카드 회사에 신고하면 그 카드를 남이 사용하지 못하도록 할 수 있어요.

(2) 개인 정보 유출과 부정 사용 가능성이 있습니다.

현금은 도난당하거나 분실했을 경우 그만큼만 손해 보면 되지만, 카드를 도난당하거나 분실하면 카드 속에 들어 있는 개인의 이름, 예금 잔고 등의 정보가 유출되어 큰 손실을 입을 수 있어요. 또, 카드를 훔치거나 강탈한 자가 개인 정보를 몰래 빼내 대출을 받거나 새 카드를 만들어 사용하는 등, 부정 사용으로 큰 피해를 당할 수 있어요.

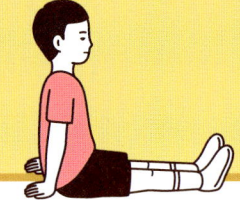

2장

금융과 의사 결정

- 금융
- 개인 재무 관리

금융

금융이란 여유 있는 사람이 돈을 빌려주고 부족한 사람이 빌려 쓰는 것을 말해요. 금융 기관 등으로부터 필요한 돈을 빌려 쓰면 돈의 흐름이 원활해지죠. 예를 들면, 은행은 돈이 많은 사람과 없는 사람과의 거래를 이어 주는 역할을 하지요. 돈이 많은 사람은 은행에 저축을 하고, 은행은 그 돈을 필요한 사람에게 빌려주는 '대출'을 해 줍니다. 또, 자금이 필요한 기업에서는 증권사 또는 투자 회사를 통해서 자금을 받고, 투자 회사와 증권사는 투자한 자금을 고객이 예금한 돈, 즉 예치금으로 메울 수 있어요.

금융은 경제 활동에서 혈액과 같은 역할을 해요. 혈액이 우리 몸의 각 부분에 산소를 공급해 주어 활발한 신체 활동을 돕는 것처럼, 금융은 생산과 소비 활동에 필요한 돈의 공급을 원활하게 하여 경제 활동을 도와줍니다.

금융은 '소비 금융'과 '생산 금융'으로 크게 나누어져요. 이 중 현대 경제에서 결정적으로 중요한 의미를 갖는 것은 생산 금융인데, 여기에는 '운전 자금'의 금융과 '시설 자금'의 금융이 있어요.

운전 자금은 기업의 원자재 구매, 생산, 인건비, 영업과 홍보 활동 등 기업의 경영에 드는 자금이 필요할 때 기업의 금융 비용을 절감해 주기 위해 저금리로 지원하는 정부 정책 자금이에요. 일반 시중 은행 대비 금리가 저렴하기 때문에 금융 비용을 절감할 수 있어요. 시설자금은 중소기업이 공장이나 사옥을 짓고 생산 설비를 구입하며, 정보화를 촉진하고 시스템과 설비를 새로 바꾸는 데 드는 자금을 말해요.

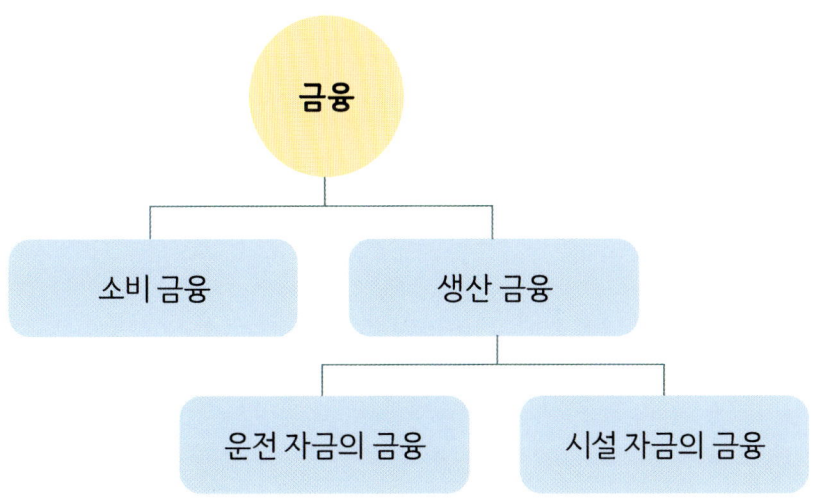

✦ 금융 지식이 필요한 이유

사람들은 누구나 더 좋은 옷, 더 맛있는 음식, 더 멋진 집을 원해요. 이러한 욕구를 충족시키기 위해서는 돈이 필요하지요. 돈이

곧 행복을 의미하지는 않지만, 행복한 삶을 위한 수단인 것은 분명해요.

그래서 돈을 잘 버는 것도 중요하지만, 잘 쓰고 잘 관리하는 것도 매우 중요합니다. 그러기 위해서는 돈과 친숙해져야 하는데, 어떻게 하면 돈과 친숙해질 수 있을까요?

먼저, 금융에 대한 지식을 늘려야 합니다. 돈의 흐름을 이해하고 어떻게 하면 돈을 모을 수 있는지 알아야 한다는 뜻이에요. 돈의 흐름을 이해하기 위해서는 '수입'과 '지출', '자산'과 '부채'의 개념을 알아야 해요.

'수입'은 개인이나 기업·국가 등이 벌어들이거나 거두어들인 돈이나 물건 따위를 말하고, '지출'은 어떤 목적을 위하여 돈을 치르는 것을 뜻합니다. '자산'은 토지·건물·돈 따위의 재산을 말하고, '부채'는 남에게 진 빚을 뜻해요.

수입과 지출, 자산과 부채의 개념을 정확하게 알고 자신의 현금 흐름을 잘 살펴보면 잘못된 점은 무엇인지, 어떻게 하면 돈을 불릴 수 있는지 이해하는 데 도움이 될 거예요.

✦ 금융 이해력 지수를 높이자

돈은 인간을 살릴 수도 죽일 수도 있는 두 얼굴을 가지고 있어요. 살아가면서 꼭 필요한 돈을 잘 관리해서 우리에게 해를 끼치는 돈이 아니라 우리의 꿈을 이루고 행복해지는 데 도움을 주는 돈이 되도록 해야 합니다. 돈을 잘 관리하고, 그리하여 그 돈으로부터 도움을 받는, '돈의 주인'이 되어야 하는 것이지요.

하지만 돈이 많다고 돈의 주인이 되는 것은 아니에요. 돈은 많지만, 돈이 사라질까 봐 걱정되어 꽁꽁 숨겨 두는 사람은 돈의 주인이 아니라 노예로 사는 것이지요.

어떻게 하면 돈에 묶여 사는 노예가 아니라 돈을 잘 활용할 줄 아는 주인이 될 수 있을까요? 돈의 주인 노릇을 하려면 돈을 잘 다룰 줄 알아야 합니다. 이렇게 돈을 잘 다루는 능력을 '재무 능력'이라고 해요.

재무 능력이 뛰어난 사람은 '금융 이해력 지수financial quotient'가 높은 사람입니다. 금융 이해력 지수는 '금융의financial'와 '지능 지수IQ'를 합친 말이에요. 금융 이해력 지수가 높은 사람은 생활 속에서 돈을 잘 관리할 줄 알고 돈이 주는 욕망을 통제할 수 있어요. 그래서 돈의 노예가 되지 않고 주인이 될 확률이 높아요.

이와는 반대로 금융 관련 지식이 부족하여 돈의 소중함과 관리 방식을 모르고 제대로 활용하지 못하는 것을 '금융 문맹financial illiteracy'이라고 합니다. 글자를 읽고 쓸 줄 모르는 '문맹文盲'과 같이 금융 문맹이 심하면 국민 개개인의 삶의 질이 떨어질 수 있고, 사회 성장 기반도 약해질 수 있어요. 여러분의 금융 이해력 지수는 어느 정도인지 알아볼까요?

다음 설명이 맞으면 ○표, 틀리면 ×표 하세요.

① 꿈은 구체적일수록 실현하기 좋다. ( )
② 꿈을 이루기 위해서는 돈만 있으면 된다. ( )
③ 꿈을 크게 가지면 노력을 적게 해도 된다. ( )
④ 돈을 은행에 예금하기보다 집에 보관해 둔다. ( )
⑤ 스티브 잡스는 아이폰을 통해 스마트 혁명을 일으켰다. ( )
⑥ 수입보다 지출이 많은 것이 좋다. ( )

정답 ① ○ ② × ③ × ④ × ⑤ ○ ⑥ ×
해설 ② 꿈을 이루기 위해서는 돈, 노력, 시간이 필요합니다.
③ 꿈을 크게 가질수록 더 많은 노력이 필요합니다.
④ 돈을 은행에 예금하는 게 더 안전하고 이익입니다.
⑥ 수입보다 지출이 많으면 부채가 많기 때문에 좋지 않습니다.

정답을 얼마나 맞혔나요? 금융 이해력 지수를 더욱 높이고 싶다면 아래 질문에 막힘없이 대답할 수 있도록 평소에 많은 관심을 가지고 공부하며 생각해 봅시다.

- 저금과 투자의 차이를 알고 있나요?
- 금리와 수익률에는 어떤 차이점이 있을까요?
- 금리 인상은 주식 투자에 어떤 영향을 미칠까요?
- 주식이란 무엇이며, 어떤 목적으로 만들어진 걸까요?
- 주식 투자는 정말 위험한 걸까요?
- 주식 투자와 펀드 투자에는 어떤 차이점이 있을까요?
- 직접 투자와 간접 투자의 차이점을 알고 있나요?
- '달걀을 한 바구니에 담지 마라'라는 말은 어떤 투자를 강조한 것일까요?
- 집중 투자와 분산 투자에는 어떤 차이점이 있을까요?
- '고위험 고수익 High risk, high return'은 어떤 의미일까요?
- 주식 투자는 언제부터 해야 할까요?
- 부자가 되려면 주식 투자를 꼭 해야 할까요?
- 평범한 월급 생활자도 부자가 되려면 어떻게 해야 할까요?

개인 재무 관리

✦ 재무 관리의 중요성

사람들은 대부분 학교 입학과 졸업, 취업과 퇴직, 결혼과 출산, 자녀 양육 등의 과정을 거치게 돼요. 그런데 소비 생활은 평생 이루어지지만 소득을 얻을 수 있는 기간은 한정되어 있기 때문에 체계적인 자산 관리가 필요하지요.

취업이나 퇴직은 가계의 소득에, 결혼과 출산, 자녀 양육 등은 소비 지출에 큰 영향을 미치게 됩니다. 그런데 지출이 감당할 수 없을 만큼 커질 때가 있어요. 대학 등록금이나 결혼, 주택 마련 등과 같이 예상되는 지출뿐 아니라, 불의의 사고나 뜻밖의 질병, 자연재해 등으로 예기치 못한 목돈을 써야 하는 상황이 발생할 수 있지요. 또, 고령화와 저출산 등과 같은 사회 변화로 자금을 잘 마련하고 운영하고 관리하는 재무 관리가 더욱 중요해지고 있어요. 풍요롭고 행복한 인생을 살아가기 위해서는 자신의 인생 계획에 맞게 자산을 확보하고 합리적으로 관리하는 것이 중요합니다.

✦ 합리적인 재무 관리 방법

옛날 사람들은 돈을 어떻게 관리했을까요? 대체로 돈을 항아리에 넣어 두거나 땅에 묻어 두고 필요할 때 꺼내 썼어요. 그러니 당연히 그 돈들로 이자를 얻을 수는 없었죠.

'돈을 관리하는 더 좋은 방법이 없을까?'

'모든 동물은 새끼를 치는데, 돈도 새끼를 치지는 못할까? 분명히 좋은 방법이 있을 거야.'

시간이 흘러 은행이라는 금융 기관이 생겼고, 사람들은 은행에 돈을 맡기고, 은행은 사람들로부터 예금 받은 돈을 다른 사람들에게 이자를 받고 빌려줄 수 있게 되었어요. 또, 은행에 돈을 맡긴 사람들에게는 예금 이자를 주었지요. 그래서 여윳돈이 있는 사람은 은행에 돈을 맡기고 나중에 그 대가로 원금과 이자를 한꺼번에 찾아갈 수 있어서 돈 관리가 훨씬 편리했고, 또 수익도 제법 챙길 수 있었습니다. 반대로 돈이 부족한 사람은 은행에서 돈을 빌려 그것을 밑천으로 사업을 할 수 있었고, 더 큰 수익을 챙겨 원금과 이자를 함께 갚을 수 있었지요.

사람들은 자신의 재무 목표를 이루기 위해 저축이나 투자를 합니다. 그런데 이 방법들은 각기 장단점이 있어요. 은행에 예금을 하면 원금에 더하여 약속된 이자 수익을 얻을 수 있지만, 금리가 낮을 때에는 이자를 조금밖에 받을 수 없어요. 그래서 사람들은 예금보다 수익이 많은 주식, 펀드, 부동산 등에 투자하지요. 하지만 일반적으로 수익률이 높은 투자 방법일수록 위험성도 높아, 경제 상황이 좋지 않을 경우에는 오히려 손해를 볼 수도 있어요. 따라서 투자 방법을 선택할 때는 안전성과 수익성을 동시에 고려해야 하죠.

또, 자신의 이익을 위해 수단과 방법을 가리지 않거나, 맹목적으로 돈을 벌기 위한 '투기'에 빠지게 되면 많은 사람에게 피해를 줄 수 있어요. 따라서 저축과 투자 상품에 대한 특성을 잘 알고, 자산 목표를 구체적으로 세우고 우선순위를 정하여 투자하는 것이 중요해요.

저축 상품에는 정기 적금과 정기 예금이 있어요. 정기 적금은 목표 금액을 매월 일정 금액으로 나누어 일정한 기간 동안 은행에 내는 거예요. 정기 예금은 목표 금액을 한꺼번에 은행에 맡기고 만료가 되는 시점까지 찾지 않고 두었다가 이자를 계산하여 돌려받아요. 그래서 정기 예금이 정기 적금보다 이자율은 낮지만 실제 지급되는 이자 금액은 더 크다는 차이가 있어요.

'투자investment'란 특정한 이득을 얻기 위하여 시간을 투입하거나 자본을 제공하는 것을 말해요. 대체로 5년 이상 장기에 걸쳐 미래의 이익을 기대하는 것이 투자이며, 예금에 비해 수익률이 높을 수도 있지만 원금이 보장되지는 않는다는 점에 주의해야 해요. 오늘날 우리나라의 투자 상품에 대한 투자 수익률은 상품에 따라 차이가 있지만 대략 6% 내외입니다.

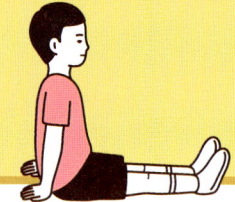

3장

금융 기관

- 동화로 보는 금융 **돈이 너무 많아 걱정이에요**
- 금융 이야기 **금융 기관의 역할**
- 세상 속으로 **금융 기관과 금융 정책**
- **금융 기관의 종류**
- **금융 기관에서 하는 일**
- 궁금해요! **금융감독원 Q&A**

돈이 너무 많아 걱정이에요

- 훈장님! 안에 계시옵니까?
- 음? 전국이 아니냐? 오늘은 서당 글공부를 쉬는 날인데 어쩐 일이냐?
- 긴히 상의드릴 일이 있어서 왔습니다. 실은 요즘 저희 아버지가 큰 고민에 빠지셨어요.
- 허, 과일 장사가 매우 잘된다고 들었는데 무슨 고민이 있으시단 말이냐?
- 돈이 적게 들어올 때는 문제가 되지 않았는데, 돈이 많이 들어오고부터 문제가 생긴 것입니다.
- 무어라? 잘 이해가 안 가는데?
- 사실 아버지가 처음엔 그 돈을 모두 가지고 다니셨는데요, 돈이 점점 많아지니 들고 다니다가 잃어버릴까 봐 걱정이 되신 것이지요. 그래서 돈을 집에 놔두고 큰 개를 몇 마리 사서 지키게 하셨어요. 그렇지만 혹시나 도둑이 들까 봐 좀처럼 마음이 놓이질 않으신대요. 밤에도 깜짝깜짝 놀라 잠에서 깨시

곤 하거든요. 어떻게 해야 할까요? 훈장님께서는 우리 마을에서 가장 현명한 어른이시니 좋은 방도를 아실 것 같아 이렇게 여쭙니다.

🎓 허허. 돈을 안전하게 맡겨 놓을 곳이 필요하단 말이렷다. 흐음. 아하, 그렇지! 마침 얼마 전 건넛마을에 '은행'이 처음으로 생겼다고 하더구나.

🧒 은행이요?

🎓 은행이 뭔지 지난번에 가르쳐 주지 않았더냐. 벌써 잊은 게냐?

🧒 아, 생각나옵니다! 사람들의 돈을 맡아서 관리하는 곳이요?

🎓 그래, 은행은 여윳돈을 가진 사람들의 돈을 맡아서 관리하고 일정 기간이 지나면 맡은 돈의 대가인 이자, 즉 예금 이자까지 주는 곳이란다. 또, 맡은 돈을 돈이 필요한 사람에게 빌려주어 그 돈의 대가인 대출 이자를 받는단다. 말하자면 '돈 장사'를 하는 곳이지. 거기에 돈을 맡기면 돈을 잃어버릴까, 도둑이 들까 걱정할 필요가 없단다.

🧒 고맙습니다, 훈장님! 빨리 아버지께 이 사실을 알려 드려야겠어요.

🎓 어험, 그래. 빨리 가서 아버지께 돈을 맡기시라고 말씀드리렴.

금융 이야기
금융 기관의 역할

전국이 아버지는 건넛마을에 은행이 생겼다는 것을 몰랐기 때문에 돈 간수를 어떻게 해야 할지 몰라 고민했지요. 하지만 이제는 번 돈을 마음 편히 모두 은행에 맡기고 이자까지 받는 행운을 누리게 됐어요.

앞에서 살펴보았듯이, 은행처럼 돈을 맡아서 관리하고 돈이 필요한 다른 사람에게 돈을 빌려주는 것을 '금융'이라고 합니다. 이렇게 공급자와 수요자 사이에서 직접 또는 간접적으로 자금을 중개하여 돈의 흐름이 원활하게 이루어지도록 하는 곳을 '금융 기관'이라고 해요.

실제 경제에서 사람들은 대부분 자기가 당장 쓰지 않는 돈을 은행에 맡기고, 자동차나 집, 건물 등 가격이 비싸고 자신의 소득에서 차지하는 비중이 큰 물건들을 구매할 때는 은행 등 금융 기관으로부터 부족한 돈을 빌려 해결합니다.

요즘에는 직원들에게 현금으로 월급을 주는 기업들이 드물어요. 대부분 회사 통장에서 직원 통장으로 이체되지요. 은행에 돈을 맡기면 돈을 가지고 다니다가 잃어버리거나 도둑맞는 일도 피할 수 있어요.

은행은 고객이 맡긴 돈으로 기업이나 개인 등 여러 곳에 투자를 하여 남은 돈으로 고객에게 이자를 줍니다. 돈을 맡긴 고객이 원하면 언제든지 그 돈을 돌려주고요. 들어온 돈인 '입금액'과 나간 돈인 '인출액'을 거래 명세서(거래한 내용을 자세히 기록한 문서)에 표시해서 함께 전해 주지요.

'은행'이란 말은 어떻게 생겼을까요? 중세 지중해 연안에서는 여러 나라 사이에 교역이 이루어져 화폐의 종류와 품질이 너무나 다양했어요. 그래서 이런 외국 여러 화폐들을 자기 나라의 화폐로 바꾸어 주는 '환전상'이 이탈리아에 등장했지요. 이들은 거리의 벤치에서 일했어요. 그래서 이탈리아어로 '벤치'라는 뜻인 '방카banca'에서 은행을 뜻하는 '뱅크bank'라는 영어 단어가 나온 것이랍니다.

'은행들의 은행'이라고 할 수 있는 '중앙은행'도 생겨났어요. 1668년에 설립된 스웨덴 국립은행Sveriges Riksbank과 1694년에 설립된 잉글랜드 은행The Bank of England은 세계에서 가장 오래된 중앙은행들이에요.

영국 런던에 있는 잉글랜드 은행 건물

금융 기관과 금융 정책

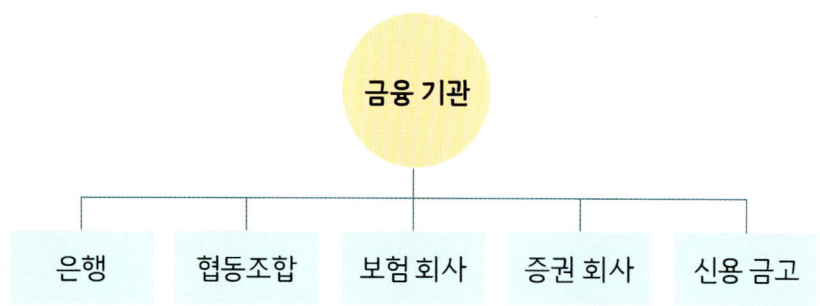

 금융 기관에는 은행, 협동조합, 보험 회사, 증권 회사, 신용 금고 등이 있는데, 가장 대표적인 금융 기관은 은행이에요. 특히 은행들의 은행이라고 할 수 있는 중앙은행(한국은행)에서는 시중에 돈이 많이 풀려 돈의 가치가 떨어지고 물가가 오르는 인플레이션inflation 조짐이 있을 때는 이자율을 높여 돈을 거두어들이고, 시중에 돈이 너무 적어 돈의 가치가 너무 올라가고 물가가 떨어지는 디플레이션deflation 조짐이 있을 때는 이자율을 낮추어서 시중에서 유통되는 돈의 양을 증가시킵니다. 이렇게 이자를 높이거나 낮추어 화폐의 수요와 공급을 조절하는 것을 '금융 정책monetary policy'이라 해요. 이에 대해서는 뒷장에서 더 자세히 알아볼 거예요.
 자금 공급자와 자금 수요자가 만나 자금 거래가 계속 이루어지

는 조직이나 기구를 '금융 시장financial market'이라고 해요. 금융 시장에서는 돈이 필요한 사람이 여윳돈을 가지고 있는 사람에게 직접 돈을 꾸어 쓰기도 하고, 금융 기관의 도움을 받는 경우도 있어요. 그런데 금융 시장은 남대문 시장이나 국제시장처럼 실제로 존재하는 것이 아니라 추상적으로 존재하는 시장이에요. 금융 시장에서는 화폐 이외에도 수표, 어음, 주식, 채권 등의 각종 금융 자산이 거래되지요.

금융 시장의 거래 품목

각종 금융 자산 = 화폐 + 수표 + 어음 + 주식 + 채권

금융 기관의 종류

금융 기관의 종류에는 어떤 것들이 있을까요?

첫째, '은행들의 은행'이라고 할 수 있는 '중앙은행'이 있어요. 이곳은 통화 가치를 안정시키고, 은행 신용 제도를 건전하게 하고, 금융 거래 질서를 유지하는 것을 목적으로 해요. 최근에는 고용 안정도 추구합니다. 우리나라의 중앙은행은 한국은행이에요.

둘째, 은행이 있어요. 은행에는 먼저 '일반 은행(시중 은행)'이 있는데, 이것은 은행법에 의해 설립된 영리 금융 기관으로 보통 전국을 영업 구역으로 하고 본점이 서울에 있는 은행을 말해요. '상업 은행'이라고도 부르지요.

다음으로 '지방 은행'이 있습니다. 영업 구역이 전국이 아니라 도나 광역시로 제한되어 있는 은행을 말해요. 지역 경제가 균형 있게 발전할 수 있도록 지역 금융을 확대하고, 금융이 서울에만 집중되는 것을 막기 위해 지역 상공인들이 자금을 모은 '민간 출자'로 설립된 은행이에요. 부산은행, 대구은행 등이 있지요.

그리고 외국 은행의 국내 지점이 있어요. 미국 JP 모건 체이스 은행 지점이 그 예입니다.

셋째, '특수 은행'이 있어요. 일반 은행이 재원(자금이 나올 곳), 채산성(수입과 지출이 맞아서 이익이 있는 것), 전문성 등의 제약으로 자금을 충분히 공급하지 못하는 국민 경제의 특정 부문에 자금을 전문적으로 공급하기 위해 설립되었어요. 기업은행, 한국산업은행, 한국수출입은행, 농협중앙회, 수협중앙회 등이 그 예입니다. 일반 은행과 같이 예금 업무도 수행하지만 상업 금융의 취약점을 보완하는 보완 금융기관, 전문 금융 기관, 정책 금융 기관의 기능을 담당하고 있어요.

넷째, '비은행 금융 기관'이 있습니다. 은행은 아니지만 금융 중개 업무를 담당하는 기관이지요. 투자 금융 회사, 종합 금융 회사, 상호 신용 금고, 신용 협동조합, 투자 신탁 회사, 증권 회사, 보험 회사 등이 그 예입니다.

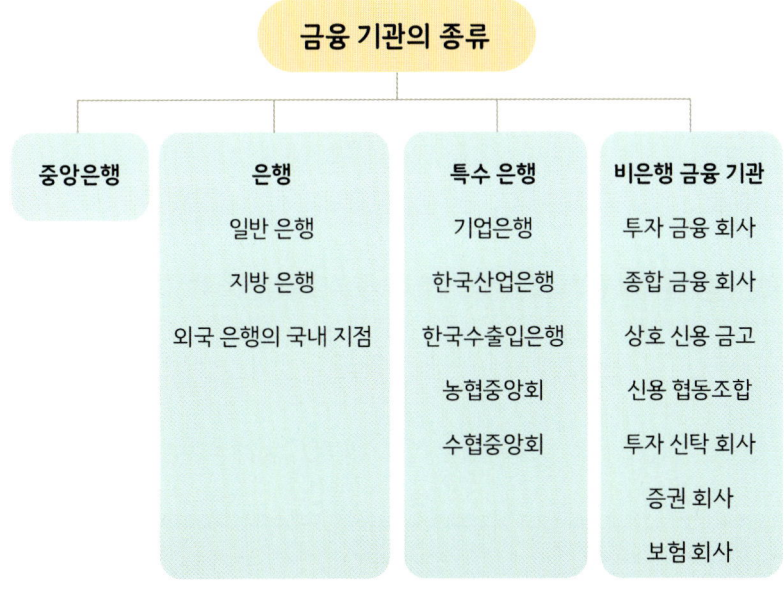

일반적으로 금융 기관은 이 모든 기관을 통합해서 말해요. 우리나라의 금융 기관은 크게 제1금융권과 제2금융권으로 나눌 수 있어요. 제1금융권에는 중앙은행인 한국은행과 함께 특수 은행 5개(한국산업은행, 한국수출입은행, 농협중앙회, 수협중앙회, 기업은행), 인터넷 은행을 포함한 시중 은행 9개(KB국민은행, 신한은행, 우리은행, 하나은행, 한국씨티은행, 한국스탠다드차타드은행, 케이뱅크, 카카오뱅크, 토스뱅크), 지방 은행 6개(경남은행, 광주은행, 대구은행, 부산은행, 전북은행, 제주은행)가 있습니다.

제2금융권에는 기본적으로 주식을 중개하는 금융 기관인 증권 회사, 신체나 생명에 일어날 수 있는 위험을 준비하는 생명 보험사, 물건이나 재산에 일어난 손해를 보상하는 손해 보험사, 투자자들의 고민을 해결해 주는 금융 기관인 자산 운용 회사, 서민이나 중소 사업자가 예금과 대출을 할 수 있는 서민 금융 기관인 상호 저축 은행, 조합원 또는 회원들이 자금을 조성해 융통할 목적으로 만든 금융 기관인 신용 협동 조합이 있습니다. 또, 투자자들이 납입한 자금을 운용하여 수익이 나면 주주에게 배분하는 것을 목적으로 설립된 투자 신탁 회사가 있어요. '신탁'이란 고객이 재산을 맡기면 이를 목적에 맞게 관리해 주면서 '신탁 보수'라고 하는 수수료를 받는 금융 서비스예요.

우리나라의 금융 기관

제1금융권

- **중앙은행**
  한국은행

- **특수 은행 5개**
  한국산업은행
  한국수출입은행
  농협중앙회
  수협중앙회
  기업은행

- **시중 은행 9개**
  KB국민은행
  신한은행
  우리은행
  하나은행
  한국씨티은행
  한국스탠다드차타드은행
  케이뱅크
  카카오뱅크
  토스뱅크

- **지방 은행 6개**
  경남은행
  광주은행
  대구은행
  부산은행
  전북은행
  제주은행

제2금융권

증권 회사
보험 회사(생명 보험사, 손해 보험사)
자산 운용 회사
투자 신탁 회사
상호 저축 은행
신용 협동조합
투자 신탁 회사

금융 기관에서 하는 일

우리는 돈이 필요할 때 친척이나 친구처럼 가까운 사람들로부터 빌리기도 하지만 대부분은 금융 기관을 이용하게 돼요. 앞에서 살펴본 것처럼, 대표적인 금융 기관은 우리가 자주 이용하는 은행이지요.

은행의 두 가지 주요 업무는 돈을 맡아 이자를 붙여 주는 '예금 업무'와 이 돈을 다른 사람이나 기업들에게 이자를 받고 빌려주는 '대출 업무'예요. 이외에 온라인으로 멀리 떨어져 있는 사람에게 돈을 전달해 주는 '송금 업무'도 있어요. 은행의 모든 지점과 지점, 서로 다른 은행이나 금융 기관끼리도 컴퓨터가 그물처럼 연결되어 있어 아무리 멀리 떨어져 있는 사람에게라도 입금 즉시 돈을 전달해 주는 편리한 시스템이죠. 또, 은행은 여러 가지 세금이나 전화 요금, 학교 등록금, 아파트 관리비 등을 대신 받아 주는 '지로 업무'도 해요. 그리고 외국돈을 국내 돈으로, 또는 국내 돈을 외국돈으로 바꾸어 주는 '환전 업무'도 하지요.

오늘날엔 기술이 발전하여 은행에 가지 않고도 금융 업무를 해결하는 방법들이 생겼어요. 미리 지정해 둔 사람이나 기관으로 돈이 자동으로 빠져나가는 자동 이체, 은행에 가지 않고 은행의 홈페이지에 접속하여 다른 곳으로 돈을 보내거나 공과금 등을 낼 수 있는 인터넷 뱅킹과 모바일 뱅킹, 전화로 금융 업무를 해결할 수 있는 텔레뱅킹 등의 기능이 있어 경제생활이 더욱 편리해졌어요.

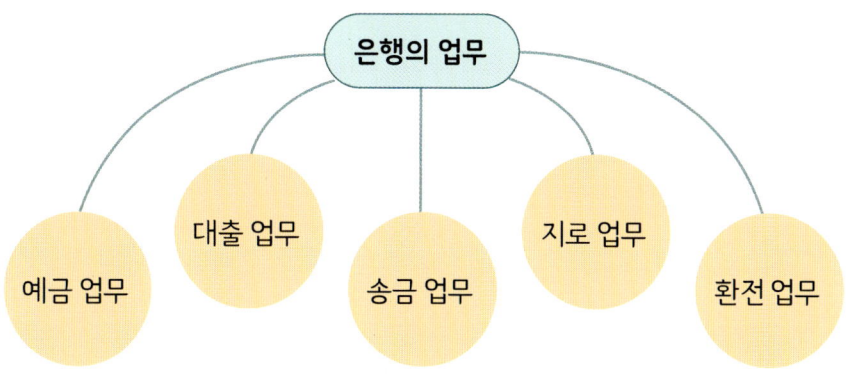

궁금해요! 금융감독원 Q&A

Q 금융 기관들은 여럿 있는데, 다들 각자 알아서 마음대로 일하나요?
A 그렇지 않아요. 금융 기관들은 우리에게 꼭 필요하지만, 각 금융 기관이 자기들 마음대로 업무를 진행하면 국가 경제에 큰 차질과 혼란이 생길 수 있겠죠? 그래서 생긴 것이 금융감독원이에요.

Q 금융감독원이 뭐예요?
A 말 그대로 금융 기관을 감시하고 감독하는 곳이에요. 금융 기관들이 건전하고 공정하게 활동할 수 있도록 만드는 곳이죠. 또, 예금자와 투자자들이 안전한 금융 생활을 할 수 있도록 보호해 주는 일도 해요. 모두 국민 경제가 잘 발전할 수 있도록 도와주는 일이지요.
우리가 은행이나 보험 회사 등의 금융 기관을 이용하다 보면 분쟁이 발생할 수도 있잖아요. 이때는 금융감독원에 있는 '금융분쟁조정위원회'의 도움을 받을 수 있어요.

Q 금융감독원은 어떻게 구성되어 있나요?
A 금융감독원에는 금융감독원장, 기획·보험 업무를 총괄하는 수석 부원장과 은행·중소서민금융 업무 총괄 부원장, 자본시장·회계 업무 총괄 부원장, 금융소비자보호처 총괄 처장(부원장), 그리고 감사가 있어요. 각 부원장 아래에는 관련 업무를 맡아 보는 여러 부서가 있지요. 금융감독원의 원장과 감사는 절차를 거쳐 대통령이 임명한답니다.

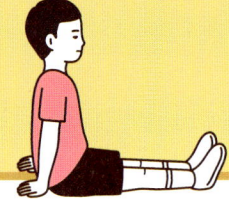

4장

한국은행

- 은행들의 은행
- 동화로 보는 금융 **멋진 집을 사고 싶은데 돈이 부족해!**
- 금융 이야기 **이자율과 투자**
- 세상 속으로 **적절한 통화량**
- 금융 정책

은행들의 은행

왕 중의 왕처럼 은행 중의 은행도 있답니다. 은행 중의 은행은 나라마다 있지요. 바로 중앙은행인데요. 우리나라의 중앙은행은 한국은행으로, 금융 질서를 유지하기 위하여 설립된 무자본 특수 법인이에요. 한국은행의 설립 목적은 통화 가치의 안정, 은행 신용 제도의 건전화, 금융 거래 질서 유지입니다.

중앙은행은 일반 은행처럼 개인이나 기업의 예금을 받거나 대출을 해주는 업무는 하지 않아요. 중앙은행을 '은행들의 은행'이라고도 하는 이유는 중앙은행이 다른 은행의 예금을 받거나 대출을 해주는 역할을 하기 때문이에요. 중앙은행은 '정부의 은행'이라고도 불리는데, 정부에서 세금으로 거둬들인 돈을 한국은행에서 관리하고 정부에게 필요한 돈을 빌려주기도 하기 때문이지요. 또, 중앙은행은 돈을 만들고 관리하는 일도 해요. 새 돈을 찍어 내기만 하는 것이 아니라 시중에 돈이 너무 많이 풀렸을 때는 거둬들이고 모자랄 때는 풀어 놓아서 돈의 양과 흐름을 조절하기도 하지요.

멋진 집을 사고 싶은데 돈이 부족해!

어느 깊은 숲속에 동물들이 옹기종기 모여 살았어요.

동물들의 수많은 집 가운데 여우네 집이 가장 아름다웠어요. 그래서 숲속 동물들은 모두 여우를 부러워하면서 여우의 집을 갖고 싶어 했답니다.

그러던 어느 날 여우가 집을 팔기로 결심했어요. 그 멋진 집을 파는 게 믿기지 않아서 여러 동물이 여우를 찾아갔어요. 먼저 다람쥐가 물었어요.

"여우야, 이렇게 멋진 집을 왜 팔려고 하니?"

"나는 이 숲속에서 오래 살아서 이제 다른 곳으로 여행을 떠나고 싶어."

이 말을 들은 토끼가 눈을 반짝이며 물었어요.

"그럼 이 집을 파는 거는 확실하겠네?"

"응. 왜? 이 집에 관심 있니?"

"당연하지. 숲속에 사는 동물 중에서 너희 집에 관심 없는 동물은 없을걸? 나도 처음에 이 숲으로 이사 왔을 때, 네 집이 제일 예

쁘게 보여서 정말 탐이 났어."

토끼의 말에 다람쥐도 맞장구를 쳤어요.

"그건 나도 마찬가지야. 나도 이 집을 사고 싶어."

"이 집이 엄청 비싼데 너희들 어떻게 사려고 해?"

"걱정하지 마. 모아 둔 돈이 좀 있거든."

"여우야, 네 집 얼마에 팔 건데?"

"부동산에 알아보니 2,000은행잎은 받아야 한대."

토끼와 다람쥐는 깜짝 놀랐어요. 다람쥐는 울상이 되어 말했어요.

"2,000은행잎이라고? 난 1,000은행잎밖에 없는데."

그러자 여우가 말했어요.

"그럼 대출을 받아야겠구나."

"대출? 대출이 뭔데?"

"은행에서 돈이 필요한 동물들에게 돈을 빌려주는 거야. 은행은 대신 이자를 받지."

"그래, 알아보고 내일 다시 올게."

다람쥐가 먼저 노루네 은행에 돈을 빌리러 갔어요.

"노루님, 1,000은행잎을 좀 빌리고 싶은데요. 이자율이 얼마나 되나요?"

"이자율이 얼마 전까지 10%였지만, 동물 마을의 경제 상황이 좋지 않아 5%로 낮췄는데 마침 잘 오셨네요. 대출 받아서 집을 사기에는 딱 좋은 기회죠."

"10%에서 5%로 떨어지다니! 정말 잘됐네요!"

"그런데 돈을 빌리시려면 우선 담보가 있어야 해요."

"담보가 뭔데요?"

"담보란 돈을 빌리는 다람쥐 씨가 돈을 빌려주는 채권자인 노루네 은행에게 돈을 꼭 갚겠다고 약속하는 의미로 제공하는 것이에요. 만일 다람쥐 씨가 돈을 못 갚게 되면 그것을 은행이 가져가는 거죠."

"내가 소유하고 있는 도토리 산이 있는데 그것을 담보로 잡힐 수 있을까요?"

"그럼 그 산의 가치가 어느 정도 되는지 살펴봐야 해요. 그런 일을 하시는 '감정 평가사' 사슴님과 같이 가 보지요."

다람쥐와 노루, 그리고 사슴은 다람쥐의 도토리 산에 갔어요. 산을 둘러본 사슴이 말했어요.

"이 도토리 산은 담보 가치가 500은행잎밖에 안 되겠어요."

다람쥐는 대출을 받지 못하고 실망한 채 터덜터덜 집으로 돌아오고 말았어요.

정오쯤에는 토끼가 노루네 은행을 찾아갔어요.

"노루님, 돈 500은행잎 좀 빌려주세요."

"500은행잎을 빌리려면 우선 담보가 있어야 하고, 이자는 전에는 10%였는데 지금은 5%로 확 떨어졌습니다."

"와, 절반으로 떨어졌네요! 그럼 제가 소유하고 있는 옹달샘이 딸린 숲을 담보로 잡힐 수 있나요?"

그리하여 토끼와 노루, 사슴은 토끼 소유의 옹달샘이 딸린 숲에 갔어요. 숲의 가치가 어느 정도나 되는지 살펴본 사슴이 말했어요.

"옹달샘이 딸린 숲은 500은행잎의 담보 가치가 충분하겠네요."

"와! 다행이에요. 그럼, 돈을 빌려주세요. 이 숲의 권리증을 담보로 드리겠습니다."

토끼는 노루에게 옹달샘이 딸린 숲의 권리증을 담보로 맡겼고, 노루는 500은행잎을 토끼에게 건네주었어요.

"감사합니다. 빌린 돈 500은행잎과 이자 5%는 잘 갚을게요."

대출 증명서

채권자 노루 은행장

채무자 토끼

대출액 500은행잎

대출 이자 연 5%

대출 기간 5년

대출 담보 토끼 소유의 '옹달샘이 딸린 숲'

위 500은행잎의 금액을 노루은행에서 토끼에게
연 5%의 이자로 빌려줌.
담보로 토끼 소유의 '옹달샘이 딸린 숲' 권리증을 받았음.
위 사실이 틀림없음을 확인함.

0000년 0월 00일

채권자 노루 은행장 (서명)

채무자 토끼 (서명)

신이 난 토끼는 원래 가지고 있던 1,500은행잎과 빌린 돈 500은행잎을 가지고 여우에게 연락해 오소리 부동산에서 만났어요.

"여우야, 내가 왔어. 집 사러 왔다고!"

"그래, 잘 왔어. 2,000은행잎은 가져왔니?"

"그럼, 당연하지. 2,000은행잎 여기 있어."

토끼는 기쁜 마음으로 2,000은행잎을 여우에게 주었어요. 여우와 토끼는 오소리가 준비한 매매 계약서에 도장을 찍었답니다. 마침내 여우는 토끼에게 집문서와 집 열쇠를 건네주었어요.

"이제부터 이 집은 토끼네 집이야. 행복하게 잘 살아."

"그래. 너도 여행 잘 다녀와."

마침내 토끼와 여우의 집 거래는 끝이 나고 새로운 날이 시작되었습니다. 토끼는 이자가 쌀 때 돈을 빌릴 수 있어서 정말 다행이라고 생각했어요.

금융 이야기
이자율과 투자

돈을 빌리는 데는 담보가 필요하다는 것을 다람쥐도, 토끼도 처음 알게 되었어요. 다람쥐는 자신이 소유하고 있는 도토리 산을 담보로 1,000은행잎을 대출받으려 했지만 노루은행에서는 담보 가치가 500은행잎밖에 안 된다고 했어요. 결국 다람쥐는 500은행잎이 모자라 여우네 집을 살 수 없었지요.

그런데 토끼는 원래 가지고 있던 돈 1,500은행잎과 자기 소유의 옹달샘이 딸린 숲을 담보로 노루은행으로부터 500은행잎을 대출받아 여우네 집을 살 수 있었어요. 물론 노루은행으로부터 대출받은 500은행잎에 대해서는 연 5%의 이자를 내기로 했고요.

만일 이자율이 여전히 10%였다면 다람쥐와 토끼는 높은 이자를 갚아야 한다는 부담 때문에 대출까지 받아 가며 비싼 집을 살 엄두는 못 냈을지도 몰라요. 하지만 이자율이 10%의 절반인 5%로 떨어졌으니 대출을 받아 멋진 집을 사려고 적극적으로 움직였지요. 이렇듯, 싼 이자율은 새로운 투자 기회를 찾도록 이끄는 중요한 요소인 게 분명해요.

> 세상 속으로

적절한 통화량

　어느 정도의 통화량(나라 안에서 실제 쓰이고 있는 돈의 양)이 적절한가에 대해서는 19세기부터 많은 논란이 있었어요. 실제로 지나치게 통화량이 많으면 상품의 수요가 증대하여 물가가 상승해요. 반대로 지나치게 통화량이 적어도 상품의 수요가 감소하여 물가가 하락하게 되죠.

　대체로 적절한 통화량의 증가는 '소비의 증가 → 투자의 증가 → 생산의 증가 → 고용의 증가 → 소득의 증가'로 이어지게 됩니다. 그렇지만 통화량이 적정량을 넘어 지나치게 늘어나면 그만큼 돈의 가치가 떨어지고 물가가 상승하는 것은 물론 심할 경우 인플레이션이 유발되어 경제에 큰 혼란이 생길 수 있어요.

　그런데 통화량이 적절한 수준보다 적으면 '소비의 감소 → 투자의 감소 → 생산의 감소 → 고용의 감소 → 소득의 감소'로 이어지게 돼요. 그 결과 실업이 증가하고 경기가 침체되며, 그 정도가 심할 경우 디플레이션이 발생하기도 합니다.

　최근 전 세계는 미국과 중국의 무역 갈등, 러시아와 우크라이나의 전쟁, 코로나 위기, 원유 및 식량·자재 등의 공급 부족,

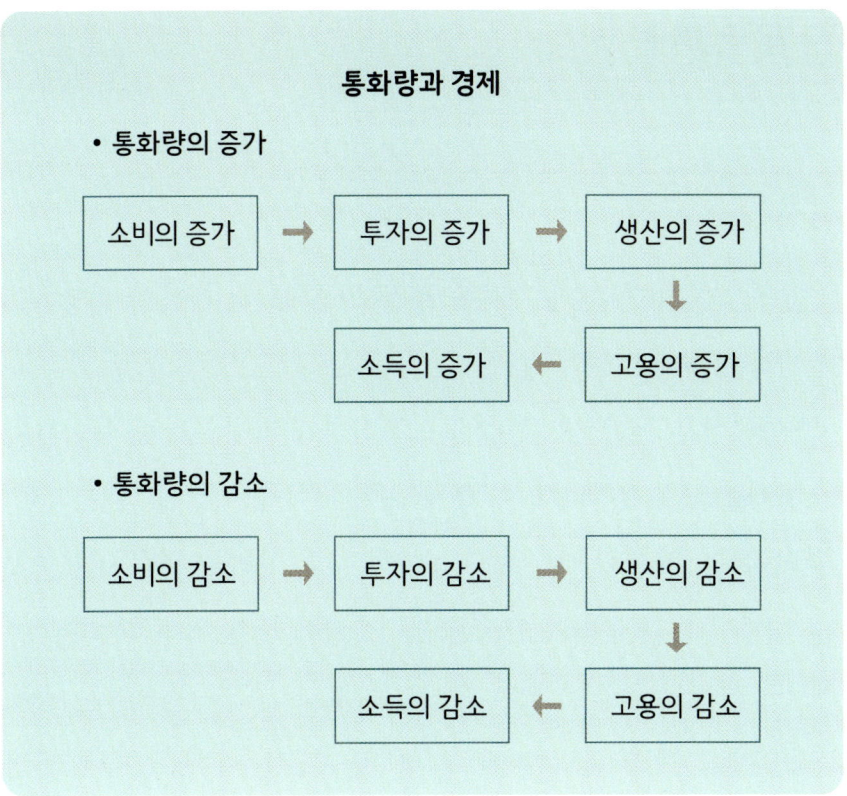

유럽-아시아-아프리카 등 여러 나라의 격심한 경제 혼란 등으로 인해 앞날을 예측하기가 매우 힘든 경제 상황에 놓였어요. 더욱 심각한 것은 불경기 속에서도 물가가 상승하는 '스태그플레이션 stagflation'이 진행되고 있다는 것입니다.

이러한 상황에서 중앙은행과 정부는 어떤 역할을 할까요? 통화량을 적당한 수준으로 유지하기 위해 어떤 금융 정책을 취하는지 살펴보도록 해요.

금융 정책

'금융 정책'이란 돈의 가치를 조절하기 위해서 정부와 중앙은행이 취하는 정책이에요.

중앙은행은 국민 경제생활을 안정시키기 위해 시중에 돌아다니는 통화량을 조절합니다. 시중에 돈이 너무 많이 있을 때는 돈을 거둬들이고, 모자랄 때는 풀어놓아서 돈의 양과 흐름을 조절하지요. 이렇듯 우리 국민이 안정된 경제생활을 하기 위해서는 한국은행의 효과적인 금융 정책이 꼭 필요해요. 이 금융 정책에는 공개 시장 운영, 공금리 정책(재할인율 정책), 지급 준비 제도, 콜금리 정책 등 네 가지가 있어요.

금융 정책
- 공개 시장 운영
- 공금리 정책(재할인율 정책)
- 지급 준비 제도
- 콜금리 정책

✦ 공개 시장 운영

첫 번째 금융 정책은 '공개 시장 운영 open market operation'으로 중앙은행인 한국은행이 금융 기관을 상대로 채권(정부나 공공단체, 주식회사 등이 거액의 자금을 일반인들에게서 빌리기 위해 발행하는 증서)이나 주식 등의 증권을 사거나 팔면서 경기를 조절하는 정책이에요. 예를 들어, 한국은행이 국·공채를 사들이게 되면 시중에 흘러 다니던 돈이 흡수되는 동시에 국·공채 가격이 올라가게 됩니다. 여기서 국·공채란 중앙정부에서 발행하는 채권인 국채와 지방 자치 단체가 발행하는 채권인 지방채를 합쳐서 부르는 이름이에요. 기획재정부 장관이 국회의 동의를 받고 발행하며, 국채에는 국고채, 외국환 평형 기금 채권, 국민 주택 채권 1종과 2종이 있고, 지방채에는 각종 지역 개발 채권, 도시 철도 채권 등이 있어요.

공개 시장 운영에는 두 가지가 있어요. 하나는 중앙은행이 증권을 사들이는 것으로, 그 대금은 증권 판매자의 거래 은행에 예금되어 그 은행의 현금이 그만큼 증가합니다. 또 하나는 중앙은행이 증권을 팔아 매각 대금을 받는 거예요. 그 대금이 증권을 사들인 자의 거래 은행 예금에서 지불되기 때문에 그만큼 그 은행의 현금이 감소합니다.

이처럼 중앙은행이 직접 또는 중매인을 통하여 증권을 사거나 팔면, 시중 은행의 현금이 증가하거나 감소하여 은행의 대출 능력과 의욕이 변동돼요. 은행에 현금이 많으면 대출을 많이 해줄 수 있어 금리가 낮아지겠지요. 반대로 현금이 적으면 금리가 높아지고요. 이런 과정을 통하여 금융 조절이 실현되는 것입니다.

✦ 공금리 정책(재할인율 정책)

두 번째 금융 정책은 '공금리 정책bank rate policy' 또는 '재할인율 정책rediscount rate policy'이라고도 합니다.

기업 간에 거래를 할 때 '어음'을 사용하는 일이 많아요. 어음이란 지급해야 할 돈 얼마를 지금 당장은 못 주지만 언제까지는 무조건 주겠다는 약속을 담은 증서라 할 수 있어요. 또, 어음을 발행하는 당사자가 아닌 다른 쪽에서 돈을 대신 갚기로 약속하는 어음도 있어요.

어떤 중소기업에서 대기업에 1,000만 원짜리 부품을 납품했더니 대기업에서 6개월 후에 1,000만 원을 주겠다는 어음을 주었다고 해 봐요. 그런데 이 중소기업이 어음의 만기일, 즉 돈을 받을 날짜가 되기 전에 현금이 필요하면 어떻게 할까요? 중소기업 사장님은 은행에 가서 수수료를 낼 테니 그 어음을 현금으로 바꿔 달라고 할 수 있어요. 은행은 어음을 발행한 기업의 신용도에 따라 어음 액면가 중에서 일정 금액을 수수료로 뗀 나머지를 현금으로 교환해 줍니다. 이러한 방식을 '할인'이라고 해요. 예를 들어, 지금 은행에서 그 중소기업에 700만 원을 주고 어음을 사면 3개월 후 대기업에게서 1,000만 원을 받을 수 있으니 300만 원의 이득을 얻을 수 있는 거예요.

이렇게 할인한 어음을 많이 가지고 있는 은행이 돈이 필요한 경우에 이 어음들을 중앙은행인 한국은행에 가져가서 현금으로 바꿀 수 있는데, 이때도 한국은행이 일정 비율의 수수료를 뗀 나머지 금액을 줍니다. 이것을 '재할인'이라고 해요.

통화량이 많으면 재할인율을 높여서 어음을 재할인할 때 방출되는 통화량을 줄입니다. 또, 통화량이 적으면 재할인율을 낮추어서 방출되는 통화량을 늘리죠. 이것을 재할인율 정책이라고 해요.

✦ 지급 준비 제도

세 번째 금융 정책으로 '지급 준비 제도reserve requirement system'가 있습니다. 예금자를 보호하기 위해서 시중 은행이 예금액의 일부를 한국은행에 맡기도록 하는 제도를 '지급 준비 제도'라고 하는

데, 이때 지급 준비율을 올리거나 내림으로써 시중의 통화량을 조절하는 정책이에요.

지급 준비율을 올리면 시중의 통화량이 줄어들게 되고, 내리면 시중의 통화량이 늘어나게 되죠. 지급 준비금을 제외한 나머지 예금은 은행이 다른 사람에게 대출해 줄 수 있어요. 통화량이 많으면 지급 준비율을 높여서 은행의 대출 가능 금액을 줄이고, 통화량이 부족하면 지급 준비율을 낮춰서 은행의 대출 가능 금액을 늘립니다.

✦ 콜금리 정책

네 번째 금융 정책으로 '콜금리 정책call rate policy'이 있습니다. 콜금리는 은행과 은행 사이의 일일 거래에 적용되는 금리예요. 간단히 말해서 한 은행이 다른 은행으로부터 1일 기한으로 돈을 빌릴 때 적용되는 금리지요. 콜금리 변동은 일반 금리와 서로 밀접한 관련이 있어요. 중앙은행인 한국은행은 은행 사이의 거래에 적용되는 콜금리의 기준을 결정하고(콜금리 자체를 결정하는 것은 아니에요), 이 기준 금리로 은행들에게 돈을 대출해 줍니다. 따라서 은행들은 한국은행이 발표한 기준 금리대로 거래할 것이고, 이로 인해서 실질적으로 콜금리를 결정하는 효과가 나타나죠.

통화량이 많으면 중앙은행은 기준 금리를 올려 시중 금리가 따라 오르게 하여 통화량이 줄어들게 하고, 통화량이 부족하면 중앙은행은 기준 금리를 낮추어 시중 금리가 따라 낮아지게 하여 통화량이 증가하게 만듭니다.

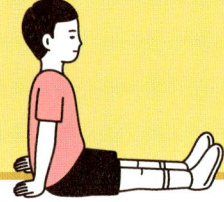

5장

인플레이션과 디플레이션

- 동화로 보는 금융 **소금값이 왜 이렇게 싸졌어?**
- 금융 이야기 **인플레이션**
- 세상 속으로 **인플레이션과 경제**
- 동화로 보는 금융 **배가 터져 버린 엄마 개구리**
- 금융 이야기 **디플레이션**
- 세상 속으로 **디플레이션과 경제**
- 궁금해요! **여러 나라의 인플레이션 Q&A**

소금값이 왜 이렇게 싸졌어?

"작년에 왔던 각설이 죽지도 않고 또 왔네. 얼~씨구 씨구 들어간다, 절~씨구 씨구 들어간다."

비가 주룩주룩 내리는 날, 처량하게 각설이 타령을 하는 거지가 있었어요. 날이 궂어 그런지 찬밥 한 덩이도 얻어먹지 못하고 구박만 받았지요. 힘이 쭉 빠진 거지는 사나운 비를 피해 고래등같이 으리으리한 기와집 처마 밑에 쭈그리고 앉았어요. 그러다가 그만 깜빡 잠이 들었는데 어디선가 따뜻한 목소리가 들려왔어요.

"아이고, 비를 흠뻑 맞았구려. 얼마나 춥겠수? 이리 들어와서 따뜻한 밥 한술이나 뜨고 가구려."

수수하게 차려입은 할머니가 이렇게 말하고는 거지의 손을 이끌었어요.

'이게 꿈인가, 생시인가.'

거지는 뜨끈뜨끈한 흰 쌀밥에 고깃국을 잘 얻어먹고 따뜻한 방에서 잠까지

편안하게 잘 수 있게 되었어요.

거지는 코를 골고 자는 척하면서 하인들이 두런두런하는 소리를 귀담아들었어요. 아까 자신의 손을 이끌고 들어온 할머니가 이 집 주인마님이며, 할머니 역시 얼마 전까지만 해도 찢어지게 가난했는데 무슨 일인지 별안간 부자가 되었다는 얘기였지요.

"별안간 부자가 된 데는 분명 무슨 사연이 있을 텐데."

"사연이 있다면, 왜? 자네도 부자가 되고 싶어 그러는가?"

"아, 당연하지. 이 세상에 부자 되기 싫은 사람 있으면 나와 보라고 그래. 그 사연만 알면 나도 어떻게……."

"예끼, 이 사람아. 헛소리 집어치우고 잠이나 자게. 새벽에 나무 한 짐 해 와야 해."

거지는 엿들은 얘기가 자꾸 생각나 잠을 이룰 수가 없었어요. 밖에 비는 계속 내리는데 자신의 신세를 생각하니 막막하기 짝이 없었지요.

'내가 이러면 안 되지. 은혜를 원수로 갚아서야 되겠나? 아니야, 아니야. 사람을 죽이겠다는 것도 아니고, 돈만 잠깐 빌려 간다는데……. 다음에 벌어서 꼭 갚으면 되는 거야.'

몸을 뒤척이던 거지는 살금살금 일어나 할머니가 자는 방으로 향했어요. 곳간 앞을 지나는데 이상한 소리가 들렸어요.

"쌀아, 쌀아, 어여쁜 쌀아. 그릉그릉 잘도 갈린다. 쌀아, 쌀아, 어여쁜 쌀아."

거지는 살짝 곳간을 엿보고는 깜짝 놀랐어요. 할머니가 맷돌을 돌리자 거기서 흰 쌀이 쉴 새 없이 쏟아지는 것이었어요!

'옳거니! 저 맷돌이 바로 부자가 된 비결이었군! 맷돌만 있으면 되

겠구나.'

쌀을 양껏 받은 할머니가 방으로 돌아가자 도둑은 재빨리 곳간으로 들어가 맷돌을 둘러메고 걸음아 나 살려라, 달음박질쳐 나루터까지 왔어요. 그리고는 묶여 있던 배 하나를 집어 타고 열심히 노를 저어 더 먼 바다로 나아갔어요. 날이 밝자 비도 그치고 바다는 잔잔해졌어요.

"으하하, 나도 이젠 부자다, 부자! 그래, 무얼 달라고 그럴까? 쌀? 아니야, 아니야. 쌀보다 더 귀한 거……. 그래, 그래. 소금, 소금이 좋겠다!"

이제 도둑이 된 거지는 어젯밤 할머니가 했던 노래를 그대로 흉내 내며 맷돌을 돌렸어요.

"소금아, 소금아, 어여쁜 소금아. 그릉그릉 잘도 갈린다. 소금아, 소금아, 어여쁜 소금아."

과연, 맷돌에서 굵은 소금이 쏟아지기 시작했어요!

"으하하하, 소금이다, 소금! 소금이야! 난 이제 부자다, 부자!"

도둑은 배에 수북이 쌓이는 소금을 보고 입이 헤벌어졌어요. 그런데 시간이 조금 지나자 걱정이 되기 시작했어요. 맷돌에서 소금이 너무 많이 쏟아졌기 때문이에요.

"어어? 이제 그만 나와도 되는데. 어떻게 멈추지? '그릉그릉 딱!'이었나? '그만, 그만 딱!'이었나?"

도둑은 어젯밤 할머니가 했던 말을 기억해 보려고 했지만 소용없었어요. 도둑의 애타는 마음은 아랑곳없이 맷돌은 계속해서 소금을 쏟아 냈어요.

"무슨 소금이 이렇게 많아졌어?"

비싼 가격으로 소금을 사려던 사람들은 웅성거리기 시작했어요.

"소금이 이렇게 많으니 굳이 비싸게 주고 살 필요도 없게 됐네."

"맞아. 더 싸질 때까지 기다릴 거야."

소금이 매우 흔한 물건이 되자 금값만큼이나 비쌌던 소금은 공짜나 다름없이 싼 가격에 팔리게 되었어요. 한꺼번에 큰돈을 벌려던 욕심쟁이 거지의 꿈은 허망하게 무너져 버렸답니다.

금융 이야기
인플레이션

〈소금값이 왜 이렇게 싸졌어?〉에서 귀하디 귀하던 소금이 갑자기 마구 쏟아져 엄청나게 많아지자 금값만큼이나 비쌌던 소금값은 형편없이 떨어지고 말았어요. 소금이 귀하고 찾는 사람이 많을 땐 소금이 금처럼 비쌌지만, 소금을 찾는 사람의 수(수요량)보다 소금의 양(공급량)이 훨씬 많아지자 소금값이 형편없이 떨어지고 말았던 거예요.

'흉년의 떡도 많이 나면 싸다'는 속담이 있습니다. 흉년이 들면

쌀이 귀해 떡값이 오릅니다. 하지만 떡을 찾는 사람의 수(수요량)보다 떡의 양(공급량)이 많으면 떡값은 낮아질 수밖에 없지요.

돈도 공급이 넘치면 가치가 떨어져 같은 액수로 살 수 있는 양이 전보다 적어지게 마련입니다. 예를 들어, 20만 원으로 쌀 두 가마니를 살 수 있었는데 물가가 두 배 오르면 그 돈으로 쌀 한 가마니밖에 살 수 없게 되지요.

이처럼 화폐 가치가 하락하여 물가가 전반적으로 계속 상승하는 경제 현상, 즉 돈이 물건보다 더 많이 만들어져 돈 가치가 떨어지게 돼 물가가 오르는 현상을 '인플레이션'이라고 합니다. 수요와 공급의 법칙에 의해 수요는 있는데 공급이 줄어들면 돈의 가치가 하락하고 물가가 전반적으로 상승하는 인플레이션이 오게 되죠.

인플레이션과 경제

　사람들은 돈의 가치가 계속 떨어지면 은행에 저축하기보다 가치가 오를 물건을 사 두었다가 다시 팔아서 쉽게 큰돈을 벌려고 해요. 따라서 은행은 보유하게 되는 자금이 줄어들게 되고, 이로 인해 기업에 돈을 빌려주지 못하고, 기업은 자금이 모자라 사업을 줄이게 됩니다. 그러면 일자리를 잃는 사람이 늘어나고, 가정의 소득도 줄어 생활이 어려워지지요.

　인플레이션의 종류에는 다음의 몇 가지가 있습니다.

　첫째, '수요 견인 인플레이션demand-pull inflation'이에요. 수요가 공급에 비해 많아졌을 때 생기는 인플레이션입니다. 사람들이 물건을 사고 싶은데 물건이 부족하니 가격이 오르는 것이지요.

　둘째, '비용 상승 인플레이션cost-push inflation'이 있어요. 물건을 만드는 데 드는 비용이 올라서 생기는 인플레이션이에요. 원인은 임금 인상, 원자재 가격의 상승, 기업의 고이윤 추구 등을 들 수 있어요.

　셋째, '관리 가격 인플레이션administered price inflation'이 있어요. 기업들이 시장을 지배하여 수요·공급과 상관없이 가격을 마음대로 올리는 것이에요. 주로 독과점 기업이나 기업들의 담합 때문에 일어나는데, 이때는 공정거래위원회의 조정이 이루어져요.

인플레이션은 경제에 여러 가지 나쁜 영향을 미칩니다. 돈이 지나치게 많아지면 씀씀이가 헤퍼져 소비가 늘어나고 물가가 올라요. 그러면 원료비, 재료비, 임금 등도 덩달아 올라가서 생산 비용이 늘어나고, 기업은 이익을 유지하기 위해 물건값을 올릴 수밖에 없지요.

이렇게 해서 국내의 물가가 비싸지면 값싼 외국 상품의 수입이 늘어나게 돼요. 수입이 늘어나고 수출이 줄어들면 그 나라의 경제 형편은 더욱 어려워지죠.

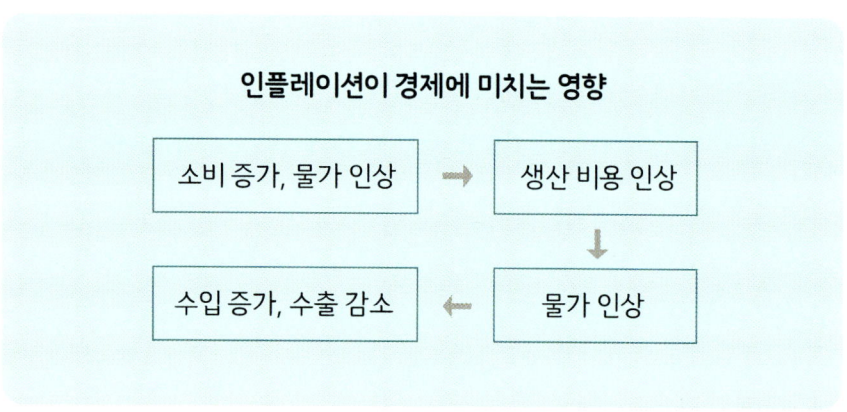

또, 인플레이션은 국민들의 생활에도 영향을 끼쳐요. 화폐의 가

치가 자꾸 떨어지는 탓에 현금을 많이 가진 사람, 남에게 받을 돈이 있는 사람(채권자), 봉급·연금·이자 생활자들은 불리해집니다. 그러나 부동산과 귀금속을 갖고 있는 사람이나 남한테 돈을 빌려 쓴 사람(채무자) 등은 유리해져요.

인플레이션이 발생하면 물건의 가격이 오른 만큼 돈의 가치는 떨어지므로, 매달 일정한 액수의 돈을 받는 봉급 생활자는 구입할 수 있는 물건의 양이 적어지게 되어 생활에 어려움을 겪게 돼요. 돈의 가치가 떨어지면 사람들은 저축을 하기보다는 물건을 사거나 집과 땅 등 부동산을 사 두려 한다고 했지요? 이렇게 되면 인플레이션의 악순환이 계속되어 값비싼 물건이나 부동산을 가진 사람들은 더욱 부자가 되고, 집 없는 서민이나 봉급 생활자들만 더욱 가난하게 되어 빈부 격차가 심해지게 됩니다.

인플레이션이 빠르게 진행될 경우, 기업가들은 무엇에 얼마만큼의 돈을 투자할지를 결정하기가 매우 어려워져. 따라서 많은 돈이 생산 활동보다 부동산 등의 투기 활동에 몰리게 되고, 경제 성장률도 떨어지게 됩니다.

배가 터져 버린 엄마 개구리

따뜻한 봄이 되자, 산과 들에는 파릇파릇 새싹이 돋아났어요. 겨우내 땅속에서 겨울잠을 자던 개구리들도 깊은 잠에서 깨어나 이곳저곳을 다니며 보금자리를 찾기 시작했어요.

"어디가 좋을까? 연못이 좋겠어. 물풀도 있고 수양버들도 늘어져 있어서 쉬기에 좋고, 먹이도 충분하고……. 개구리밥도 있네. 이곳이 보금자리로는 안성맞춤이야!"

엄마 개구리는 연못 한쪽에 알을 낳았어요. 얼마 뒤, 개구리알에서 올챙이가 깨어났어요. 올챙이들은 하루가 다르게 몸집이 커지고 꼬리가 나오더니, 드디어 꼬리가 다리로 변하기 시작했어요. 엄마 개구리는 새끼들이 어느새 알에서 올챙이, 다시 개구리로 성장해 가는 모습을 보면서 대견스러워했지요.

그러던 어느 날, 아기 개구리들이 엄마 개구리에게 물었어요.

"개굴개굴. 엄마, 엄마! 우리 풀숲에 나가 놀아도 돼요?"

"그래, 하지만 멀리 가지는 말아라. 무슨 일이 있으면 엄마에게 알려 주고……."

"예, 알았어요. 엄마가 시키는 대로 할게요. 개굴개굴."

드디어 아기 개구리들은 처음으로 풀숲으로 나들이를 떠났어요. 그런데 얼마 뒤 아들 개구리 한 마리가 숨을 헐떡이며 엄마 개구리에게 달려왔어요.

"엄마, 엄마!"

"왜? 뭔데? 빨리 얘기해!"

"엄마, 엄마! 저 숲속에서 엄~청나게 크고 이상하게 생긴 동물을 봤어요."

사실 아들 개구리가 본 건 어미 소였답니다. 한 번도 어미 소를 본 적이 없는 아들 개구리는 매우 놀랐어요. 놀라기는 엄마 개구리도 마찬가지였어요. 하지만 아무리 커 봐야 얼마나 크겠나 싶은 마음에 엄마 개구리는 자신의 배를 힘껏 부풀리면서 아들 개구리에게 물었어요.

"아무리 커 봐야, 이렇게 큰 엄마 배보단 작지?

"아뇨! 그것보다 훨씬 더 커요."

엄마 개구리는 배를 더 부풀리면서 물었어요.

"설마, 이보다 더 커? 헉헉, 이보다 더 크다는 말이야?"

"그럼요. 그보다 훨씬, 훨씬 더 컸어요."

엄마 개구리는 더 힘을 줘서 배를 부풀렸어요.

"그럴 리가, 잘못 본 거 아니니? 그럼, 이보다 더 크다고? 이보다 더……!"

"네, 그것보다 훨씬 더 커요."

엄마 개구리는 자꾸자꾸 배를 부풀렸어요. 그래도 어미 소를 본 새끼 개구리는 "엄마가 더 커요"라고 하지 않았어요. 그러다가, 엄마 개구리는 끝내 배가 터지고 말았어요.

금융 이야기
디플레이션

　엄마 개구리가 아무리 배를 부풀려도 큰 소만큼 커질 수는 없지요. 하지만 엄마 개구리는 아기 개구리에게 자기도 그렇게 몸집을 크게 부풀릴 수 있다는 것을 보여 주려고 욕심을 부리다가 그만 배가 터지고 말았어요.

　비눗방울 놀이를 할 때 컵에 비눗물을 풀고 빨대로 불면 엄청나게 큰 비눗방울들이 하늘로 떠올라요. 그런데 잠시 후 그 비눗방울들은 자취도 없이 사라지죠. '속 빈 강정'이라는 속담이 있어요. 이 말은 실속 없이 겉만 그럴듯한 것을 두고 하는 말이에요. 경제에도 이와 같은 현상이 발생할 때가 있는데, 이를 '디플레이션'이라고 합니다. '거품 경제'로 자산 가치가 떨어지는 현상이라고 할 수 있어요.

　경제 상황이 좋아지면 기업이나 소비자들의 행동은 보통 '투자 → 생산 → 고용 → 소비의 증가'로 이어져요. 하지만 경제가 나빠지면, 돈을 쓰지 않고 소비를 줄이지요. 이에 따라서 생산량이 넘치고, 일자리를 잃는 사람이 늘어나고, 자산 가치가 크게 떨어집니다. 이런 현상을 '디플레이션'이라고 해요.

디플레이션과 경제

'디플레이션'의 좀 더 쉬운 예를 들어 볼게요. 시장에서 물건이 잘 팔리자 기업들은 생산을 늘렸어요. 일자리가 늘어나고 소득도 늘어났죠. 영희 엄마는 은행에서 1억 원을 빌려 집을 한 채 샀어요. 1년 사이에 집값이 세 배나 뛰었어요. 사람들은 너도나도 은행에서 대출을 받아 부동산을 샀죠. 부동산에 돈이 더 많이 몰리고, 집값은 더 올랐어요.

그런데 갑자기 경제에 찬 바람이 불기 시작했어요. 부동산 가격과 주가가 뚝 떨어졌죠. 기업과 개인이 쏟아부은 돈이 거품처럼

사라졌어요. 영희 엄마가 사 둔 집도 가격이 뚝 떨어져 원금도 못 건졌어요. 무리하게 돈을 빌려 부동산을 샀는데 거품이 걷히는 순간 큰 낭패를 당한 것이죠.

이러한 디플레이션 현상은 실제 경제에서 자주 나타납니다. 예를 들어, 요즘 공짜 핸드폰이 많죠? 그건 핸드폰 가입자를 늘리려는 회사의 전략이기도 하지만, 사람들이 핸드폰을 자주 바꾸니까 핸드폰을 만드는 회사들이 새 제품을 많이 생산하기 때문이기도 해요. 사람들은 최신 핸드폰을 사고 싶어서, 새 핸드폰이 나온 지 조금만 지나도 그 얼마 안 된 핸드폰을 외면합니다. 그러면 공장에서 많이 생산해 둔 새 핸드폰을 제값에 팔기 어려워져요. 그래서 회사는 약간은 손해를 보고 핸드폰을 팔게 되는데, 이것이 바로 '공짜 핸드폰'이에요.

이처럼 시장에 한 재화(물품)의 공급이 수요 이상으로 많아지면, 그 재화의 가격은 떨어지게 됩니다. 이렇게 시장에 재화가 수요 이상으로 공급되어 재화의 가격이 떨어지는 것을 디플레이션이라고 하지요.

디플레이션의 문제는 '거품 경제'에 있어요. 일반적으로 경제가 발전하면 주식 시장과 부동산으로 돈이 많이 몰려요. 따라서 부동산 가격은 더 뛰고, 투기 열풍까지 일어나 거품처럼 겉만 부풀게 되지요. 이럴 때 국가는 거품을 빼기 위한 정책, 즉 세금을 더 거두어들이고, 정부 지출을 늘리며, 은행의 이자율과 지급 준비율을 높이는 정책을 펴야 합니다.

국제 통화 기금IMF은 디플레이션을 '2년 정도 물가 하락이 계속돼 경기가 침체되는 상태'로 정의해요. 수요의 부족 또는 광범위한 공급 초과로 디플레이션 현상이 발생하게 되면 기업의 수익이 줄어들면서 경제가 전반적으로 후퇴하는 불황을 맞게 되죠.

인플레이션이 주로 초과 수요에 의해 발생한다면 디플레이션은 주로 초과 공급에 의해 발생해요. 즉, 소비자의 구매력을 넘어서는 공급이 이루어질 경우 초과 공급이 생기면서 가격이 내려가서 발생하는 현상을 말하죠. 이는 대부분 산업에서 물건이 팔리지 않아 생기는 현상이므로, 소비자가 돈을 쓰지 않는 것이라고 할 수 있으며, 금리가 하락하는 효과가 나타납니다.

그런데 금리가 내려가면 기업이 투자를 증가시키고 총수요를 늘려야 함에도 불구하고, 디플레이션이 만연하게 되면 물건을 만들어 봐야 팔리지 않으므로 기업은 투자를 하지 않게 된다는 것이 문제예요. 따라서 임금은 올리지 않고 오히려 임금을 줄이거나 해고를 많이 하는 결과가 나타나지요. 일본의 경우 20년 이상 물가가 내려가는 디플레이션 현상 때문에 큰 고통을 당하고 있어요.

 ## 여러 나라의 인플레이션 Q&A

Q 인플레이션 현상이 발생하면 실제로 어떤 일들이 벌어지나요?

A 심각한 인플레이션에 시달렸던 나라들의 예를 들어 볼게요.

* **독일 바이마르 공화국 시절의 인플레이션 이야기**

1923년 10월 말 뉴욕 타임즈New York Times에 다음과 같은 기사가 실렸어요. 베를린의 작은 식당에서 외국인이 1달러만큼의 음식을 주문했답니다. 주문한 음식 모두가 나왔고, 실컷 먹고 그만 일어서려는데 웨이터가 수프 한 접시와 정식 요리를 더 갖다주면서 그사이에 달러값이 이 음식값만큼 또 올랐다고 했대요.

반면에 당시 독일의 화폐 단위였던 '마르크'의 가치는 급격히 떨어져, 11월 15일에는 빵 1파운드를 800억 마르크에 겨우 살 수 있었고, 고기 1파운드는 9,000억 마

독일 인플레이션 당시의 100억 마르크 지폐

르크, 맥주 한 잔은 2,080억 마르크를 내야만 했어요. 이런 상황에서 마르크를 움켜쥐고 있으려는 사람은 바보였겠지요. 빠른 속도로 돈 가치가 하락하는 시기에 현금을 가지고 있으려는 사람은 아무도 없을 테니까요.

1923년 12월에는 임금과 보수를 일당으로 지급해야 했고, 사람들은 바구니와 손수레에 이 돈을 가득 담아서 재빨리 가게로 몰려갔대요. 물가가 하루에 거의 두 배씩 뛰어올랐기 때문이지요. 화폐 인쇄기는 빠른 속도로 돌아갔고, 새로 찍은 화폐는 차로 수송되기 바빴어요. 얼마 지나지 않아 가난한 노동자조차 1조 마르크를 소유하게 됐지만, 그 돈으로는 아무것도 살 수 없게 되었답니다.

* 볼리비아의 인플레이션 이야기

볼리비아 정부는 거대한 예산 적자를 메우기 위해 돈을 마구 찍어내고 있었어요. 그러자 볼리비아 경제는 큰 혼란에 빠졌어요. 통화의 가치는 폭락했고, 상품의 가격은 급격하게 상승했답니다.

볼리비아의 1만 페소 지폐

1983년 6월에 1달러당 5,000페소이던 것이, 1984년 1월에는 1만 페소, 6월에는 5만 페소, 12월에는 약 25만 페소가 되었어요. 1985년 7월에는 환율이 1달러당 200만 페소가 되었고, 1달러짜리 물품은 1983년 6월에 5,000페소였지만 단 2년 만에 거의 200만 페소나 하게 되었답니다.

사정이 이렇다 보니 물건을 사고팔 때 여전히 페소를 주고받긴 했지만 통화로서의 가치는 거의 없어지게 되었고, 각 상품에는 달러로 표시된 가격표가 붙었어요. 그 결과, 볼리비아 경제는 파탄에 이르게 되었어요.

* 짐바브웨의 인플레이션 이야기

1990년대까지 짐바브웨의 경제는 나름 괜찮은 상태였지만 2000년대 초에 심각한 인플레이션을 겪었어요. 그러다 2000년대 후반에는 식료품과 연료 가격이 폭등하고 수도와 전기도 끊기게 되었지요. 2008년 짐바브웨의 물가 상승률은 무려 2억%에 이르렀다고 해요. 100조 짐바브웨 달러로 시장에서 달걀 세 개밖에 살 수 없었어요.

역사상 가장 액면가가 높은 100조 짐바브웨 달러 지폐. 현재는 유통되고 있지 않다.

* 베네수엘라의 인플레이션 이야기

한때 석유 매장량 1위, 풍부한 노동력으로 언제나 세계 GDP(국민 총생산. 국민 소득을 나타내는 일반적인 지표) 순위 상위에 올랐던 나라가

베네수엘라였어요. 하지만 정부의 재정 관리 소홀, 중앙은행의 무차별적인 돈 찍어내기 등으로 물가가 급격하게 올랐어요. 연간 물가 상승률은 2013년에 40.7%를 기록하더니 2018년에는 무려 13만%를 넘어섰답니다. 이런 상상을 초월하는 사태로 인해 베네수엘라 인구 3천만 명 중 560만 명이 나라에 등을 돌려 난민이 되었고, 파탄 난 경제 때문에 베네수엘라는 사상 최악의 정치·경제·사회적 위기에 놓이게 되었어요.

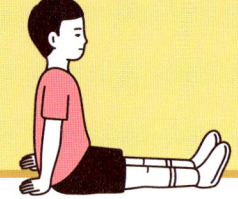

6장

소득(수입)

- 소득이란?
- 동화로 보는 금융 **산나물을 팔아서**
- 금융 이야기 **소득의 종류**
- 세상 속으로 **소득을 얻는 방법**

소득이란?

　개인이나 기업이 벌어들이는 돈을 흔히 '소득' 또는 '수입'이라고 합니다. 의식주를 해결하고 원하는 것을 얻기 위해서는 돈이 필요하지요. 돈이 많으면 많을수록 자신의 욕구와 필요를 쉽게 해결할 수 있으므로 누구나 부자가 되기를 소망합니다.

　그래서 사람들은 돈을 벌기 위해서 직장을 구해 일을 하죠. 또, 건물이나 토지 등을 빌려주고 그 대가를 받기도 해요. 이렇게 노동, 자본, 토지 등을 제공하고 그 대가로 받는 돈을 소득이라고 합니다.

　돈을 많이 번 사람들의 사례를 살펴보면 지출은 최소화하면서 수입의 대부분을 쌓아 또 다른 수입을 만들어 내는 것을 볼 수 있어요. 쓰고 남는 돈을 저축하거나 투자하는 것이 아니라, 저축과 투자를 하고 남는 돈으로 지출을 하는 것이지요. 그러면 소득에는 어떤 종류가 있으며, 어떻게 하면 소득을 늘릴 수 있을까요?

산나물을 팔아서

어느 마을에 가난한 부부가 나이 든 어머니를 모시고 살았어요. 부부는 산에서 산나물을 채취해 팔며 하루하루 어렵게 살았지요. 그러던 어느 날, 어머니께서 몸이 아프시다며 자리에 누워 꼼짝도 못 하시게 되었어요. 하지만 부부에게는 의사를 부르고 약을 살 만한 돈이 없었어요.

"여보, 어머니께 약이라도 지어 드려야 할 텐데, 어떻게 하지요?"

"산나물이라도 잘 팔려야 그나마 약 지을 돈이라도 마련할 텐데……."

부부는 산나물을 더 많이 캐기 위해 이 산 저 산을 뛰어다녔어요.

그날도 산나물을 팔러 장에 갔어요. 하지만 산나물을 사러 오는 사람은 거의 없었지요. 부부의 얼굴에는 근심이 가득했어요. 그때 한 아주머니가 다가와서 말했어요.

"어머, 우리 가족들이 좋아하는 산나물이네요! 싱싱하고 냄새도 향긋하고. 이 산나물 좀 주세요."

"감사합니다. 깊은 산 속에서 직접 채취해 온 아주 귀한 산나물이에요."

 부부는 기뻐하며 아주머니에게 산나물을 팔았어요. 그날 이후로 아주머니는 날마다 산나물을 사러 왔지요.

 아주머니 덕분에 부부는 조금씩이나마 돈을 모아 어머니의 병세를 살피러 와 달라고 의사를 부를 수 있게 되었어요. 왕진을 온 의사는 어머니가 심한 몸살감기에 걸리신 데다 영양도 부족한 상태라며 링거를 놓아 주고, 약을 지을 수 있도록 처방전을 써 주었어요. 부부는 약을 사기 위해 서둘러 약국으로 달려갔어요.

 "저희 어머니께서 편찮으신데, 이 처방전대로 약 좀 주세요. 어, 아주머니는?!"

 부부는 깜짝 놀랐어요. 약국 주인은 바로 날마다 자신들에게 산나물을 사 간 아주머니였어요.

 "어머, 안녕하세요? 약 사러 오셨어요?"

 "예, 그동안 아주머니께서 날마다 산나물을 사 주셔서 그 돈으로 병으로 누워 계신 어머니의 약을 사러 왔어요."

 "어머니께서 어떻게 아프신가요?"

 "예, 머리에 열도 많이 나고, 온몸이 쑤시고 어지럽다고 하세요. 의사 선생님은 몸살감기라고 하시네요."

 "네, 요사이 심한 감기가 유행이니 조심하셔야 합니다. 이 약을 드시고 푹 쉬시라고 하세요. 절대 안정하셔야 합니다."

"예, 그렇게 하지요."

부부는 그동안 산나물을 팔아서 모은 돈을 내밀었어요. 그러자 약사 아주머니가 말했어요.

"오늘 이렇게 약을 팔았으니, 이 돈으로 맛있고 향기가 가득한 산나물을 더 많이 살 수 있겠네요. 내일은 무슨 산나물을 갖고 나오실 건가요?"

산나물을 파는 부부와 약사 아주머니는 마주 보며 빙긋 웃었습니다.

금융 이야기
소득의 종류

앞의 동화에 나오는 가난한 부부는 산나물을 채취해서 그것을 시장에 내다 팔아 번 돈으로 필요한 약을 샀어요. 약국의 약사 아주머니는 약을 팔아서 번 돈으로 가족들이 즐겨 먹는 산나물을 사기로 했죠. 이렇듯 사람들은 자신의 노력이나 전문성으로 얻은 성과물을 다른 사람에게 제공하여 그 대가로 돈을 받아요.

소득은 얻는 방법에 따라 근로 소득, 사업 소득, 재산 소득, 이전 소득으로 나눌 수 있어요.

근로 소득은 사람들이 여러 일터에서 자신의 능력, 소질, 특기, 전문성을 발휘하여 노동을 제공한 대가로 받는 소득이에요. 예를 들면, 회사에서 직원으로 일하고 받는 월급이지요.

사업 소득은 가게나 회사를 직접 운영하면서 얻는 소득을 말해요. 예를 들면, 식당이나 회사를 운영하면서 버는 돈이지요. 앞의 동화에서 산나물을 파는 부부와 약국을 운영하는 약사 아주머니의 소득이 바로 사업 소득에 해당합니다.

재산 소득은 자신이 가진 재산을 이용해 얻는 소득이에요. 건물을 빌려주고 받는 임대료, 은행 예금 이자 등이지요.

이전 소득은 퇴직, 질병, 사고, 고령 등으로 인해 경제적 도움이 필요하다고 인정되는 경우에 국가 등으로부터 받는 돈이에요. 질병이나 사고로 인한 보험금, 국가로부터 받는 지원금, 연금 등이 여기에 속합니다.

세상 속으로

소득을 얻는 방법

개인이나 각 가정이 생활해 나가기 위해서는 돈이 필요해요. 한 집안의 수입의 주요 원천은 소득입니다. 소득은 개인이나 가계가 노동이나 자본 등과 같은 생산 요소를 제공하고 그 대가로 번 돈이에요. 앞에서 살펴본 대로 소득에는 근로 소득, 사업 소득, 재산 소득, 이전 소득이 있지요.

소득은 직업, 교육, 기술 등에 따라 차이가 납니다. 또, 예전에는 주로 남자들이 일을 해서 소득을 올렸지만, 오늘날에는 남녀의 차이 없이 자유롭게 직업 활동에 종사하고 있지요.

과거에는 소득을 얻는 방법이 많지 않았어요. 사람들은 농사를 짓거나 어업, 임업, 목축업 등으로 소득을 얻었지요. 사회가 변하면서 사람들은 다양한 일을 하게 되었어요. 최근 우리나라 사람들이 가지고 있는 직업의 종류는 1만 가지 이상이에요. 그만큼 소득을 얻는 방법이 다양해졌지요.

제프 베이조스Jeff Bezos의 경우를 한번 살펴볼까요? 그는 기술 관련 기업가이자 투자자로 '아마존닷컴'의 창업자이자 최고 경영자CEO입니다. 1994년에 인터넷 상거래를 통해 책을 판매하기 시작했고, 이후 더욱 다양한 상품을 판매하게 되었어요. 그는 '아마존은 더 싸고, 더 편하고, 나보다 내 마음을 더 잘 알고 상품을 추천해 주는 기업'이라는 이미지를 심어 주어 많은 사람이 '아마존'의 마력에 빠져들게 했지요. 그래서 '아마존'의 가치를 더욱 치솟게 하여 큰돈을 벌었습니다. 2000년에는 '블루 오리진'이라는 회사를 설립해서 우주 여행선 프로젝트를 추진하고 있어요. 2018년 9월에 '아마존'의 주가가 시가 총액 1조 달러를 돌파했습니다. 그에 따라 베이조스의 순자산은 240조 원으로, 20여 년간 세계 최고의 부자였던 빌 게이츠를 제치고 세계 1위 부자가 되었어요.

'블루 오리진'의 우주선

워런 버핏Warren Edward Buffett도 살펴볼까요? 그는 1956년 100달러로 투자를 시작하여 약 50년 만에 주식 투자만으로 500억 달러

(약 54조 원)를 모으면서 세계에서 가장 성공한 투자자 중의 한 명으로 꼽히고 있어요. 그의 투자 원칙은 '좋은 기업의 주식을 싼 가격에 사서 장기 보유한다'입니다. 그는 항상 좋은 기업을 찾기 위해 노력했고, 자신이 잘 알고 있는 분야에만 투자했어요. '10년을 보유하지 않을 주식은 단 10분도 보유하지 말라'는 그의 말을 통해 그의 투자 원칙의 핵심은 '장기 투자'에 있음을 알 수 있지요.

여러분은 어떤 직업, 어떤 전문성을 가지고 싶으세요? 얼마만큼의 돈을 벌고 싶으세요? 세계 제1의 부자가 되고 싶지는 않으세요?

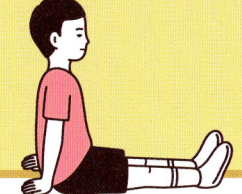

7장

지출

- 지출이란?
- 동화로 보는 금융 **경제 요정 선발 대회**
- 금융 이야기 **합리적인 소비**
- 세상 속으로 **합리적인 소비를 하려면**
- 동화로 보는 금융 **개 발에 편자, 돼지 목에 진주 목걸이**
- 금융 이야기 **격에 맞지 않는 소비**
- 세상 속으로 **비합리적인 소비를 멀리하는 지혜**

지출이란?

 '지출'이란 어떤 목적을 위하여 돈을 치르는 것을 말해요. 욕망을 충족하기 위하여 재화(물품)나 용역(노동력)을 쓰는 일을 '소비'라고 하고요. 지출에는 우리가 먹을 것이나 입을 것을 살 때 하는 '소비적 지출'과 이자를 받기 위해서 저축하거나 주식 등에 투자하는 것 같은 '생산적 지출'이 있습니다. 우리가 쓰는 용돈 기입장에서도 '지출'이란 말을 볼 수 있어요. 용돈 기입장은 들어오는 돈(수입)과 나가는 돈(지출)을 기록한 표이니까요. 용돈 기입장에 대해서는 이 책의 마지막 장에서 좀 더 자세히 알아볼 거예요.

 '제한된 용돈으로 피자, 떡볶이, 빵 중 무엇을 사 먹는 게 좋을까?' 하고 망설인 적이 있나요? 사람들은 왜 시장에서 물건 하나를 살 때도 이것저것 비교하며 계산할까요? 또, 자동차를 살 때 '얼마짜리 어떤 자동차를 살까, 결제는 할부로 할까, 일시불로 할까?' 하고 고민하는 이유는 무엇 때문일까요?

경제 요정 선발 대회

사람들 눈에 띄지 않게 조용히 사람들을 도와주는 많은 요정이 있어요. 올해는 이 요정들의 나라에서 새로운 '경제 요정'이 탄생하는 해랍니다. 그래서 '전국 경제 요정 선발 대회'를 열기로 했어요. 수많은 요정이 참가해 경쟁을 거듭한 끝에 마지막에 세 명의 요정이 남았어요. 심사위원 요정들은 누구를 선발해야 할지 깊은 고민에 빠졌어요.

"이번 대회에 참가한 요정들은 정말 실력이 대단하군요."

"맞아요. 아직도 세 명이나 남았으니 도대체 누구에게 경제 요정의 자리를 맡겨야 할까요?"

"그럼 마지막 결승전에서는 소비에 관한 테스트를 해 보는 게 어떨까요?"

"정말 좋은 생각이네요. 그럼, 똑같은 용돈을 주고 우리가 말한 물건을 가장 잘 사 온 요정을 올해의 경제 요정으로 선택합시다."

그렇게 해서 결승전에 진출한 세 요정은 똑같은 액수의 용돈을 받고 주어진 물건을 사러 나섰어요.

첫 번째 후보인 '싸다싸' 요정은 사야 할 것이 적힌 종이를 들고 곧장 '천냥 마트'로 갔어요. 그곳에서 물건은 보지도 않고 가장 싼 가격에 파는 것들만 골라 사 왔어요.

"물건은 뭐든지 싸게 사는 게 최고죠!"

일등으로 도착한 '싸다싸' 요정은 의기양양하게 말했어요.

하지만 '싸다싸' 요정이 사 온 물건들을 꼼꼼히 살펴본 세 심사위원 요정들은 고개를 절레절레 흔들었어요.

"이 물건들 중 제대로 쓸 수 있는 것은 거의 없군요."

'싸다싸' 요정은 물건의 품질을 제대로 살피지 않고 싼 가격만 보고 샀기 때문에 이상이 있는 물건들이 많았던 거예요. 그래서 '싸다싸' 요정은 탈락했어요.

두 번째 참가자인 '왕비싸' 요정은 용돈과 목록을 들고 백화점의 '비싸비싸' 코너로 갔어요. 그러고는 그곳에서 가장 비싼 물건들을 고르기 시작했어요. 그런데 비싼 물건만 사다 보니 용돈이 모자랐어요. 그래서 물건을 다 사지 못하고 돌아왔지요.

"돈을 이렇게 조금만 주고 물건을 다 사 오라고 하는 건 순 억지예요."

'왕비싸' 요정이 소리쳤어요.

그러자 심사위원 요정들은 허탈하게 웃으며 말했어요.

"허허, 당신은 비싼 것만 좋다고 생각하는군요. 하지만 우리가 도와줄 사람들이 모두 부자는 아니에요. 어려운 사람들도 많고요. 자기가 쓸 수 있는 금액 안에서 필요한 물건을 적절히 살 수 있는 능력이 있어야 하지요. 그런 점에서 당신에게는 경제 요정의 자질이 조금 부족하군요."

"비싼 데는 다 이유가 있는 거죠. 비싼 게 최고라고요!"

'왕비싸' 요정은 문을 쾅 닫고 나가 버렸어요. 심사위원들은 깊은 한숨을 내쉬었어요.

"두 번째 시합까지만 해도 누구를 뽑을지 고민되더니, 이제는 뽑을 요정이 없어서 걱정이군요."

"마지막 요정이 아직 돌아오지 않았으니 좀 더 기다려 봅시다."

한편, 세 번째 도전자인 '따져봐' 요정은 여기저기를 돌아다니며 물건을 비교하느라 정신이 없었어요.

"음, 요정 냄비는 '천냥 마트'가 품질도 좋고 싸군. 그런데 요정 가루는 비싸지만 백화점이 훨씬 품질이 좋으니 그곳에 가 봐야겠어."

요정 냄비와 요정 가루를 산 '따져봐' 요정은 마지막 물품인 펑펑 샘물을 사러 재래시장에 갔어요.

"와, 백화점이랑 똑같은데 가격은 훨씬 싸구나. 역시 이곳에 와 보길 잘했어."

물건을 다 사고 나니 어느새 해가 지고 있었어요. 가장 늦게 돌아

온 '따져봐' 요정은 자신이 사 온 물건들을 심사위원 요정들에게 자랑스럽게 보여 주었어요.

"용돈을 거의 다 써 버렸지만, 그래도 가격에 비해 가장 품질 좋은 것들로 골라 사 왔어요. 한번 봐 주세요."

심사위원 요정들은 '따져봐' 요정이 사온 물건들을 찬찬히 살펴보며 흐뭇한 표정으로 물었어요.

"어디서 어떻게 이런 물건들을 사 왔는지 설명해 주겠어요?"

"백화점과 '천냥 마트', 재래시장을 돌아다니며 가격과 품질을 비교한 후 샀어요."

"아주 훌륭하군요. 올해의 경제 요정은 당신으로 정하겠어요. 사람들이 합리적인 소비를 할 수 있도록 옆에서 많은 도움을 주어야 해요. 알겠죠?"

"네, 최선을 다해 훌륭한 경제 요정이 되겠습니다."

마침내 '따져봐' 요정이 올해의 경제 요정으로 선택되었어요. 그리고 '따져봐' 요정은 사람들이 합리적인 소비를 할 수 있도록 성심성의껏 도왔답니다.

합리적인 소비

우리 속담에 '열 번 재고 가위질은 한 번 하라'는 말이 있어요. 옷감을 파는 가게에서 천을 한 번 자르고 나면 다시는 되돌릴 수 없으니 자르기 전에 열 번이나 재어 본다는 말이에요. 파는 사람은 혹시나 더 잘라 주면 손해를 보고, 사는 사람은 혹시나 덜 자르면 손해를 보게 되니 한 치의 실수도 없어야 하겠지요.

소비자는 어떤 물건을 구매할 때 주어진 예산 안에서 최대의 만족을 얻으려고 해요. 이러한 재화 소비를 '합리적인 소비'라고 합니다. 어떤 물건을 사려고 할 때 자신의 예산에 맞는 것인지, 꼭 필요한 물건인지, 그 소비로 얻을 수 있는 이익은 어떤 것인지, 그 물건이 나에게 어느 정도 유용한지, 남이 가지고 있는 것이 좋아 보여서 사는 것은 아닌지, 그것을 꼭 새로 사지 않고도 대신 사용할 수 있는 물건은 없는지 등 가격과 품질, 브랜드, 예산, 만족 정도 등을 충분히 재고 따져서 구매하는, 후회하지 않는 소비랍니다.

세상 속으로
합리적인 소비를 하려면

합리적인 소비를 하려면 어떻게 해야 할까요?

먼저, 계획적으로 구매해야겠지요. 그러면 예산의 낭비와 시행착오를 줄여 충동구매를 피할 수 있어요. 이렇게 필요한 물건과 예산 등을 잘 따져서 구매하면 알뜰한 가계를 꾸릴 수 있어요.

미끼 상품을 노리는 것도 좋아요. 상점에서 손님을 많이 끌어들이기 위해 전략 상품을 저렴한 가격에 내놓는 경우가 있는데, 이를 잘 활용하는 것도 알뜰 구매 전략이 돼요.

가게 문을 닫는 시간을 미리 알아 두었다가 마감 할인 상품을 사는 것도 좋아요. 폐점 시간이 가까워지면 재고를 남기지 않기 위해 파격적인 가격으로 물건을 팔기 때문이죠.

기획 상품, 자사 브랜드(PB) 상품을 눈여겨보고 챙기는 방법도 있어요.

이런 상품은 그 회사의 이미지 상품이므로 보통 가격은 싸고 품질은 믿을 수 있지요.

합리적인 소비에 귀신같은 재능을 가지고 있는 억만장자들의 공통점이 무엇인지 아세요? 가지고 있는 물건을 중복해서 사지 않고 꼭 필요한 물건인지, 그 물건의 소비로 얼마만큼의 이익을 얻을지를 따져 보고 사는 것이랍니다. 또, 가지고 있는 예산 안에서 살 수 있는 적절한 가격인지, 대체해서 사용할 수 있는 방법은 없는지, 어디에서, 언제 사는 게 가장 유리한지 등 사고자 하는 물건에 대한 정보를 수집해서 가장 유리한 것을 따져서 사는 사람들이랍니다. 억만장자가 되고 싶나요? 억만장자의 이러한 합리적인 소비 습관을 따라해 보세요.

다른 사람보다 빨리 최신 유행 상품을 사서 사용하는 것은 기분 좋은 일입니다. 그렇지만 이 기쁨의 대가는 매우 비싸다는 것을 명심해야 해요. 충동구매를 억제하지 못하여 고통 받는 개인과 가정이 매우 많아요. 다른 사람들에게 자랑하고 과시하면 잠깐은 기분 좋을지 몰라도 그 후유증으로 인해 개인과 가정이 받는 상처는 아무도 책임져 주지 않아요.

'밀짚모자는 겨울에 사라'라는 말이 있어요. 추운 겨울에 밀짚모자를 싸게 사서 뜨거운 여름철을 대비하는 미래지향적 계획 소비를 권유하는 말이지요. 소비자가 합리적인 소비 행위를 하면 기업은 싼값에 좋은 품질의 제품을 생산하고, 기술 개발에 힘쓰며, 정직한 광고를 하게 됩니다. 가정에서는 현명한 소비를 통해 알뜰 가계를 꾸릴 수 있고, 결과적으로 국민 경제도 풍요로워진답니다.

개 발에 편자, 돼지 목에 진주 목걸이

"얘, 멍멍아! 너 발에 신처럼 붙이고 있는 게 뭐니?"

"아, 이거? '편자'라는 거야. 그것도 그냥 편자가 아니라 고급 주석으로 만든 거란다!"

"뭐라고? 멍멍이 너한테 그게 왜 필요해? 편자는 원래 말들이 짐을 실은 무거운 마차를 끌고 멀리까지 가야 하니 발이 닳는 것을 방지하기 위해 말굽에 대어 붙이는 쇳조각이잖아."

"꿀꿀이, 너 참 똑똑하구나. 사실 말들이 신고 뚜벅뚜벅 걷는 모습이 매우 멋있어 보였거든. 그래서 나도 한번 신어 본 거야. 내 모습 어때? 멋있잖니?"

"얘, 멍멍아. 거울 앞에 가서 네 모습이 어떤지 한번 살펴보렴. 정말 웃긴다! 킥킥킥. 너에겐 전혀 어울리지 않아. 너의 그런 모습을 보고 바로 '개 발에 편자,' '석새짚신에 구슬 감기,' '짚신에 국화 그리기'라고 하는 거야. 남들이 보면 꼴불견이라고 놀릴 거라고. 어서 벗어!"

"친구 사이에 말을 그렇게 심하게 해도 되는 거니? 너는 매일 돼지우리에서만 사니 바깥 세계에 대해선 깜깜하구나. 이건 최신 유행 신발이라고. 그런데 꿀꿀아, 네 목에 걸린 건 뭐니?"

"음, 이거? 세상에서 가장 아름다운 진주 목걸이라는 거야. 우리 아빠가 출장 가셨다가 사 오신 선물인데 정말 멋지지?"

"뭐라고? 진주 목걸이? 짧은 네 목에 진주 목걸이를 한들 네 목이 학처럼 길어진다니?"

"헐, 얘 좀 봐. 안목이 그 정도밖에 안 되는구나. 이 목걸이가 얼마나 비싼데. 이거 천연 진주다, 너~."

"뭐라고? 진주가 아깝다! 돼지 목에 진주 목걸이가 웬 말이니?"

"얘, 넌 신문도 안 보고 텔레비전 뉴스도 안 듣니? 황사랑 미세 먼지가 심해서 우리 돼지고기 값이 나날이 비싸지고 있는 줄 모르는구나. 하루가 다르게 우리 꿀꿀이들의 몸값이 뛰고 있다고! 게다가 이 진주 목걸이를 좀 봐. 은빛의 우아한 광택, 나에게 딱이잖니?"

"꿀꿀아, 진주 목걸이를 한

네 모습을 거울 앞에서 직접 보면 깜짝 놀라 자빠질걸! 너에게는 전혀 어울리지 않아. 너의 그런 모습을 보고 바로 '돼지 목에 진주 목걸이,' '돼지우리에 주석 자물쇠'라고 하는 거야. 진주 목걸이 품위 떨어진다. 어서 벗어!"

"얘, 너하고는 수준이 맞지 않아 대화를 못하겠다. 잘 빠진 나의 다리, 아담한 나의 몸매, 통통한 나의 목, 세련된 나의 돼지털 옷! 여기에 진주 목걸이까지 둘렀으니 모든 동물이 나를 보면 사귀자고 안달할걸!"

"꿀꿀아, 제발 주제 파악 좀 해라. 너의 그런 우스꽝스러운 모습을 보고 누가 사귀자고 하겠니? 꿈 깨라, 꿈깨!"

격에 맞지 않는 소비

멍멍이 발에는 왜 편자가 어울리지 않았을까요? 말들은 무거운 마차를 끌고 다녀야 하니 발굽이 빨리 닳아서 편자를 꼭 해야 해요. 하지만 말과는 달리 개 발에는 애당초 편자가 필요치 않을 뿐만 아니라 주석 편자는 값도 비싸서 작은 개에게는 어울리지 않았어요.

돼지 목에 진주 목걸이는 어땠나요? 매일 지저분한 우리에서 사는 돼지에겐 진주 목걸이는 전혀 필요치 않을 뿐만 아니라 돼지의 몸차림에는 어울리지 않아 도리어 흉했어요.

'조리에 옻칠한다'는 속담이 있어요. '조리'는 가늘고 긴 나무 조각이나 철사로 만든 작은 삼태기 모양에 자루가 길게 달려 있는 것으로 쌀을 이는 데 쓰는 도구예요. 조리에 비싸고 좋은 옻을 칠해 봐야 본래 기능에는 아무 보탬도 주지 못하며, 아까운 돈만 낭비하게 돼요. 이 속담은 소용도 없는 일에 재물을 함부로 낭비하지 말라는 뜻이에요. 이외에도 앞의 이야기에 나온 것처럼 '돼지우리에 주석 자물쇠'라는 속담도 있어요. 격에 맞지 않는 치장을 지적하고 사치를 경계하는 속담이지요.

비합리적인 소비를 멀리하는 지혜

한 소비자가 어떤 물건을 사는 경우, 다른 소비자들이 그것을 많이 구입하는지 아닌지에 영향을 받는 경우가 많아요. 이것을 '밴드 왜건 효과bandwagon effect'에 의한 소비 행위라고 하지요. 어떤 행사나 퍼레이드를 할 때 맨 앞에서 악대가 탄 마차(밴드 왜건)가 행렬을 선도하던 데서 유래된 말이에요. 악대차가 음악을 연주하면서 지나가면 무슨 일인지 궁금해서 사람들이 모여들기 시작하고, 그렇게 사람들이 몰려가는 것을 보면 뭔가 재미있는 일이 있나 보다 싶어서 무작정 그 행렬을 뒤따르게 되지요. 그러면서 군중들이 더욱더 많이 모여드는 것에 비유하여 나온 표현이에요.

실제로 좋아하는 스타나 친구가 어떤 물건을 사면 자기도 따라 산다든지, 판매량이 많은 물건이 고급 제품일 것이라 생각해 구입

하는 경우는 모두 밴드 왜건 효과에 의한 소비예요. 이렇게 다른 사람들의 소비 행위에 영향을 받아 무작정 덩달아 소비함으로써 큰 손해를 보거나, 그 상품이 정말 필요한지, 그것을 살 경제적 형편은 되는지는 거의 고려하지 않고 그때그때의 기분에 따라 충동구매를 하는 소비는 '비합리적 소비'예요.

생활 속에서 '조리에 옻칠하는' 예에는 어떤 것들이 있을까요? 금방 분양 받은 아파트를 뜯어내어 새 자재로 채우는 것, 아직 쓸 만한 고급 가구를 단지 유행이 지났다는 이유로 폐기 처분하고 새 가구로 교체하는 것, 얼마 타지 않은 차를 금세 새 차로 바꾸는 것, 자기의 사업이나 업무와 관련된 물건들은 제쳐두고, 충분한 정보도 없이 유행하는 옷이나 고급 액세서리라면 소득 수준은 충분히 고려해 보지도 않고 무조건 사고 보는 과시 소비가 있어요. 또, 유명 탤런트나 배우, 가수 등이 사용하는 모습이 너무 멋있어 보여서 자신에게 어울리는지, 형편에 맞는 물건인지는 생각해 보지도 않고 무조건 따라 사는 모방 소비, 그다지 필요도 없는데 주변의 분위기나 체면, 자존심 때문에 소득 수준을 훨씬 뛰어넘는 물건을 구매하는 충동구매 등이 있죠. 이러한 소비 행태의 공통적인 문제점은 구매자가 그 물건의 쓰임새보다는 겉모습에 더 치중하며, 가격이 비싸고 남의 눈에 뜨이는 소비를 더 즐기고 있다는 것이에요. 사치와 허영을 위해서는 대체로 매우 비싼 기회비용을 치러야 합니다.

비합리적 소비를 줄이고 지혜롭게 살아가기 위해서는 물건을 살 때마다 항상 나에게 꼭 필요한지, 이것을 사면 얼마나 많이 이용할 것인지, 그로부터 어떤 이익을 얻을 수 있는지, 다른 대체품은 없는지, 환경에는 문제가 없는지 등을 따져 봐야 해요. 시대의 흐름을 잘 파악하고 소비에 대한 눈높이를 조절하면서 살아 나갈 때, 우리의 경제생활은 훨씬 윤택해지겠지요. 또, 제한된 자원 안에서 필요에 맞게 물건을 잘 사용하면 자원의 낭비도 줄일 수 있어요.

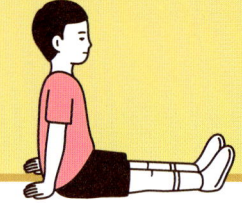

8장

수입과 지출 관리

- 동화로 보는 금융 **예산은 어떻게 세우나요?**
- 금융 이야기 **용돈 관리와 예산**
- 세상 속으로 **예산의 중요성**
- 동화로 보는 금융 **알뜰 주부, 우리 엄마!**
- 금융 이야기 **매일 실천하는 생활 속 절약 비결**
- 세상 속으로 **나의 작은 실천이 경제를 살려요**
- **수입과 지출의 관리 요령**

예산은 어떻게 세우나요?

🧒 엄마, 지난달에 용돈이 모자랐는데 이번 달에도 또 모자라요.

👩 그건 다솔이가 한 달 동안 쓸 용돈에 대한 예산을 세우지 않고 그때그때 필요에 따라, 또 기분 내키는 대로 돈을 쓰기 때문일 거야.

🧒 예산을 세운다고요? 예산이 뭔데요?

👩 예산이란 일정 기간 동안의 금융 계획, 즉 어떤 곳에 얼마만큼 돈을 쓸 것인가를 계획해 놓은 것을 말한단다. 다솔이는 한 달 용돈으로 2만 원을 받잖니? 그럼 그 돈을 어디에 얼마씩 쓸 건지 생각해 보는 거야. 예를 들어, 아이스크림이나 빵 같은 간식값으로 6,000원, 학용품값 7,000원, 저금 2,000원, 기타 3,000원 등등. 이런 식으로 들어온 돈과 나갈 돈이 일치하도록 미리 계획을 짜 보는 거지.

🧒 아, 그렇군요. 그런데 엄마, 지난번 친구 따라 액세서리 가게에 들렀다가 친구가 산 머리핀이 너무 예뻐 보여서 저도

3,000원을 주고 사고 말았어요. 머리핀을 살 생각은 없었는데 말이에요.

🙋 그래서 그렇게 계획에 없던 일에 쓸 '예비비'를 마련해야 한단다. 보통 자기 용돈의 10% 정도를 떼어놓는 게 좋지.

🙋 용돈의 10% 정도라고요? 그럼 제 용돈이 2만 원이니 10%면 2,000원이네요. 그런데 저는 3,000원을 써 버렸어요.

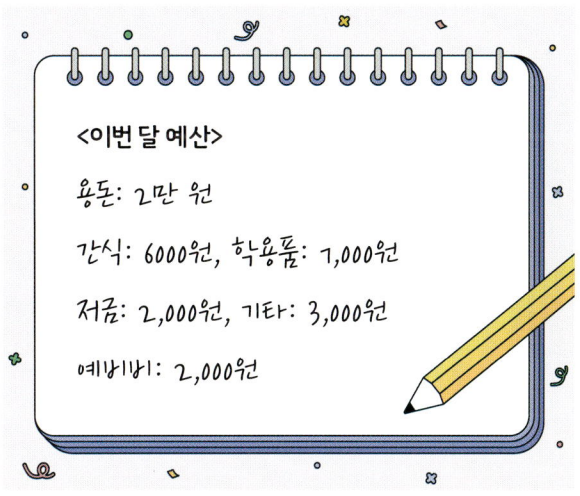

<이번 달 예산>
용돈: 2만 원
간식: 6000원, 학용품: 7,000원
저금: 2,000원, 기타: 3,000원
예비비: 2,000원

🙋 그러니까 예산을 잘 짜야지. 계획이 잘 실행되면 계속 잘 지키려고 노력하지만 자꾸 어긋나면 결국 포기하게 되니까.

🙋 그럼, 저는 어떻게 해야 해요? 이미 예비비를 훨씬 넘어서 돈을 썼으니 말이에요.

🙋 꼭 필요한 곳에는 돈을 써야 하겠지만 필요성이 적은 곳에 쓰는 돈은 줄여야 한단다. 예를 들어, 간식값을 줄이든지, 계

획에 없던 물건은 사지 말든지.

🙋 그것 말고 다른 방법은 없나요? 사실 저는 간식은 최대한 적게 먹고 있는 거라고요.

👩 가능한 한 예산의 범위 안에서 사용하는 게 좋지만 꼭 써야 할 일이 생겼는데 돈이 모자라면 엄마한테 빌려 쓰고 나중에 갚는 방법이 있긴 하지. 하지만 그건 정말 특별한 경우야. 어른들도 집이나 자동차를 살 때처럼 목돈이 들어갈 때는 은행 같은 데서 돈을 빌리곤 한단다.

금융 이야기
용돈 관리와 예산

다솔이는 부모님이 매달 주는 용돈으로 그때그때 필요하다고 생각하는 곳에 돈을 써 왔어요. 그런데 늘 돈이 모자라 쩔쩔맸어요. 왜 그랬을까요? 바로 계획 없이, 예산을 세우지 않고 그때그때 돈을 썼기 때문이에요. 이번에 얼마를 용돈으로 받을 것인지, 지난달에 돈이 얼마나 모자랐는지 찬찬히 확인한 후 이번 달에 꼭 써야 할 돈은 얼마나 될지 미리 계획을 세우고, 그 계획에 따라 돈을 썼다면 모자라기보다는 돈을 남겨 저축을 할 수도 있었을 거예요.

'예산budget'이란 일정 기간 들어올 것으로 예상되는 수입에 대한 지출 계획이에요. 우리는 어떠한 일을 하기 위하여 거기에 들어가는 돈이 얼마인지 미리 계획을 세우고, 그 계획에 따라 돈을 지출해요. 회사, 여러 조직이나 모임에서도 어떤 사업에 얼마만큼의 돈이 필요한지 예산을 작성하여 계획에 따라 돈을 지출하지요.

> 세상 속으로

예산의 중요성

국가에서도 한 해 동안 나라의 살림살이를 미리 계획하는 예산을 짭니다. 예산은 '편성-의결-집행-결산'의 4단계 순서를 따라 진행되는 정부 활동이에요. 예산은 정부에서 짜고, 국회에서는 그 '예산안'을 의결합니다. 현대 민주주의 원칙 아래에서는 국가의 수입과 지출에 대하여 국민의 동의를 얻지 않으면 안 되기 때문이에요.

정부 부처마다 편성된 예산을 지출 지침에 따라 '집행'합니다. 즉, 돈을 쓰는 것이지요. 그리고 연말에는 돈이 계획된 예산에 따라 잘 사용되었는지, 잘못 사용된 부분은 없는지 확인하는 '결산'을 합니다.

예산을 세우면 수입과 지출을 체계적으로 관리할 수 있어요. 자연스럽게 우선순위를 생각할 수 있으므로 돈의 효율성을 높이고 불필요한 지출을 줄여서 합리적으로 자산을 관리할 수 있지요.

우리도 어렸을 때부터 예산을 통해 용돈을 체계적으로 관리하는 습관을 들이면 나중에 큰돈을 모으고 운영하는 데 많은 도움이 될 거예요. 그러나 예산을 않고 계획 없이 지출을 반복하다 보면

과소비, 충동 소비, 비합리적인 소비가 습관이 되어 자산을 형성하기 어려워져요. 그뿐만 아니라 과도한 부채를 떠안아 파산을 하거나 빚을 갚지 못하는 '채무 불이행' 등 경제적 위험에 놓일 수도 있어요.

개인의 채무 불이행이 늘어나면 소비가 위축되어 경제 상황이 침체에 빠지게 돼요. 돈을 받지 못한 채권자 역시 자신의 업무를 잘 수행할 수 없고, 관련 기업이나 관련 기관 역시 사업을 잘 이행할 수 없는 곤란에 빠지게 되죠. 이러한 상태가 계속되면 개인, 기업, 국가는 자신들이 원래 계획했던 일을 추진하지 못하고, 자금도 생산적인 부문에 사용되지 못해 경제의 효율성은 떨어지고, 결국은 경제 침체, 불경기를 맞게 되는 거예요.

알뜰 주부, 우리 엄마!

🧒 엄마는 생활 속에서 어떻게 절약을 하세요?

👩 우선, 돈이 새어 나가는 구멍을 막으려고 노력하지.

🧒 돈이 새어 나가는 구멍을 막아요? 구체적으로 어떻게요?

👩 사용하지 않는 컴퓨터 끄기, 화장실 불 끄기, 가전제품 플러그 뽑기 등등. 그렇게 해서 전기를 아껴야지.

또, 가스비 절약을 위해 실내 적정 온도 유지하기, 겨울에 내의를 입고 양말을 신어 몸을 따뜻하게 하면서 지내기 등을 생활화하는 거야. 장보기도 계획적으로 해서 최대한 절약하고.

🧒 장보기에도 절약 방법이 있어요?

🙍‍♀️ 가능한 한 할인점을 이용하는 거야. 대형 할인점은 매주 1회만 이용하고, 구매할 목록을 미리 정해서 충동구매를 막는단다. 되도록 주말 저녁 할인 시간, 그러니까 6시 이후에 가면 생선 같은 것을 싼 가격에 살 수 있어.

🙍‍♀️ 그렇군요! 아, 그리고 지난번에 엄마가 우리 오래된 소파 바꿀 때 굉장히 싸게 잘 샀다고 이모가 엄청 부러워했잖아요. 그렇게 크고 비싼 가구나 전자 제품도 싸게 사는 비결이 있어요?

🙍‍♀️ 물론이지. 먼저 인터넷으로 가격 비교 등을 하고 제품에 대한 사전 정보를 충분히 파악하는 거야. 그렇게 해서 무얼 살지 정하고 나면, 최대한 아는 사람을 통해 정보를 얻어 최저가를 찾아내면 10~20% 낮은 가격에 구매할 수 있단다.

🙍‍♀️ 핸드폰 요금이나 교통비도 절약 방법이 있나요?

🙍‍♀️ 그럼. 기본적으로 핸드폰으로는 간단한 용무만 보고, 습관적으로 쓸데없이 핸드폰을 사용하지 않는 것이 중요하단다. 교통비는 주로 대중교통을 이용하고 특별히 바쁘지 않으면 1~2킬로미터 정도는 산책 삼아 걷지. 또, 택시는 거의 이용하지 않지. 할인 쿠폰, 이벤트 등을 잘 활용하는 것도 좋은 방법이야. 전기료, 핸드폰 요금, 카드 대금 등은 자동 이체를 하면 단 얼마라도 아낄 수 있단다.

🧒 이렇게 대단한 우리 엄마에게 왜 '알뜰 주부상'을 안 주실까요?

👩 하하. 엄마의 목표는 남이 알아주거나 상을 주는 게 아니라, 부자가 되는 거야. 그리고 부자란 저절로 되는 게 아니지. 이러한 절약 생활이 부자의 대열로 가는 지름길이란다. 중요한 것은 이 모든 것을 스스로 실천해야 한다는 거란다.

매일 실천하는 생활 속 절약 비결

〈알뜰 주부, 우리 엄마!〉를 읽고 어떤 점을 느꼈나요? 다솔이 엄마는 부자가 되겠다는 목표를 세워 놓고 생활 속에서 여러 가지 절약 방법을 실천하고 있어요. 전기와 가스를 절약하고, 마감 할인 시간에 장을 보고, 비싼 제품을 사기 전에는 미리 충분히 정보를 알아보고 가격 비교도 해 본 다음에 거기서 더 아낄 수 있는 방법을 찾아서 구매를 하고 있죠. 휴대폰 비용이나 교통비를 절약하는 지혜도 발휘하고요. 이 모든 것을 누가 시켜서가 아니라 스스로 생각해서 실천하고 있다는 것이 가장 중요해요. 이러한 생활 태도는 개인과 가계에 경제적인 여유를 가져다주는 것은 물론 자원의 낭비도 막아 준답니다.

우리 속담에 '마른 수건도 다시 짠다'라는 말이 있어요. 물기가 없는 마른 수건을 다시 쥐어짜서 물기를 빼낸다니, 아끼기 위해서 얼마나 힘을 들이고 노력해야 하는지 느껴지지요? 돈을 쓰고, 물건을 살 때 '꼭 필요한 곳에, 필요한 만큼 쓰고 있는가?'를 따져서 낭비가 없게 하라는 말이에요.

> 세상 속으로

나의 작은 실천이 경제를 살려요

　우리나라는 성장 제일주의와 수출을 통해 서양의 선진 국가들이 200여 년에 걸쳐 이룬 풍요로움을 30여 년 만에 이루어 냈어요. 짧은 기간에 이루어낸 성장이라고 해서 '압축 성장'이라고 불러요. 이런 성과가 있기 이전에는 너무 가난해서 아끼지 않으면 살아갈 수가 없었어요. 그런데 이제는 그런 과거를 잊고 소비를 마구 하니 안타까운 일이지요.

　최신 제품에 혹해서 아직 쓸 만한 가구나 전자 제품을 마구 버려 국토는 몸살을 앓고, 2022년 기준으로 하루에 음식물 찌꺼기로 내버리는 쓰레기가 2만 톤이 넘는다고 해요.

　이제 우리는 '마른 수건도 다시 짜는' 것을 생활화해야 합니다. 나의 작은 실천이 우리 경제를 살릴 수 있어요. '아나바다(아껴 쓰기, 나눠 쓰기, 바꿔 쓰기, 다시 쓰기)' 운동을 모든 사람이 생활에서 실천해야 해요. 안 쓰는 가전제품의 플러그를 빼 두는 것, 세탁물을 모아 종류별로 분리하여 적당한 양으로 세탁하는 것, 에어컨 사용을 줄이는 것을 비롯해 우리 생활 속에서 '마른 수건도 다시 짤 수 있는' 방법은 생각보다 많아요. 부자는 결코 공짜로 되는 게 아니랍니다.

수입과 지출의 관리 요령

아직 어린 나이라도 부모님이나 친척들에게 받는 용돈으로 수입이 생기고, 또 그것을 필요한 곳에 쓰고 있다면 여러분에게도 수입과 지출이 발생한다고 볼 수 있어요. 발생하는 수입과 지출의 규모와 사용하는 방법은 사람마다 달라요. 그렇지만 분명한 것은 건전한 재정을 위해서는 지출하는 돈이 수입을 초과해서는 안 된다는 거예요.

대부분 수입은 쉽게 알 수 있지만 자신의 지출을 정확히 알고 있는 사람은 의외로 드물어요. 지출은 매우 자주 하고 쓰는 곳도 다양해서 특별히 신경 쓰지 않으면 얼마를 어떤 용도로, 어떤 방식으로 지출하는지 정확히 알기 어렵기 때문이지요. 나의 수입이 얼마이니 지출은 어느 정도로 하는 것이 적절한지를 판단하고, 그중에서 반드시 필요한 지출과 상황에 따라 선택할 수 있는 지출을 구분해야 해요. 그리고 지출 내용에 우선순위를 정해서 절대 지출이 수입보다 많아지지 않도록 정하는 것이 무엇보다 중요해요. 이것은 어른이 되어야만 할 수 있는 일들일까요? 아니에요. 어릴 때부터 실천해야 어른이 되어서도 할 수 있답니다.

그렇다면 어릴 때부터 실천할 수 있는 효율적인 수입과 지출의 관리 요령에는 어떤 것들이 있을까요?

첫째, '용돈으로 받았거나 번 돈은 어느 정도인가? 평소에 다달이 쓰는 돈은 얼마쯤 되는가?'를 미리 꼼꼼하게 따져 보고 지출하는 거예요. 이렇게 따져 봐야 얼마를 어디에 쓸 것인지 예산을 세울 수 있기 때문이지요.

둘째, 달마다 받는 용돈으로는 사기 어려운 비싼 물건을 사야 하거나 돈이 많이 드는 일을 해야 할 때를 대비하여 저축 계획을 세우는 거예요.

셋째, '용돈으로 반드시 사야 할 물건은 무엇인가? 꼭 사지 않아도 되는 물건은 아닌가? 가지고 있는 물건 중 대체하여 사용할 수 있는 물건은 아닌가?'와 같은 질문을 스스로 하면서 꼼꼼하게 따져 보고 용돈의 범위를 초과해 물건을 사지 않도록 하는 거예요.

넷째, 용돈으로 꼭 써야 할 돈은 미리 빼놓고, 그 후 남은 용돈의 범위 내에서 저축을 해요. 그러고도 남는 돈이 있다면 그 돈으로 용돈 계획에서 예상하지 않았던 물건을 사는 거예요.

다섯째, 이번 달에 받거나 번 용돈은 얼마인데 그 용돈을 무엇을 사는 데 얼마나 지출했고, 저축은 얼마나 했는지 등 용돈 사용 내역을 정리한 용돈 기입장을 작성하는 거예요. 이에 대해서는 다음 장에서 더 자세히 살펴보기로 해요.

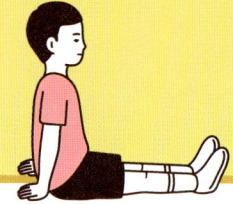

9장

용돈 관리의 4단계

- 용돈과 용돈 기입장
- 동화로 보는 금융 록펠러의 '회계 장부 A'
- '합리적인 경제인'을 만드는 4단계 용돈 관리
- 궁금해요! 용돈 기입장 쓰는 법 Q&A

용돈과 용돈 기입장

초등학교 5학년인 동진이의 머릿속은 온통 새로 나온 비디오 게임 생각으로 가득해요. 수십만 원 가까이 하는 비싼 제품이지만 친구들 모두가 가지고 있어요. 동진이는 엄마를 조르기 시작합니다.

하지만 엄마는 단호하게 거절해요. 동진이는 입을 삐죽거리면서도 더는 엄마에게서 원하는 대답을 들을 수 없다는 것을 알고 머리를 굴리기 시작합니다.

'집안일을 돕고 용돈을 받으면 어떨까? 잠깐, 중고가 있을지 모르니 인터넷에서 알아보자. 아니야, 일단 친구들에게 돈을 조금씩 빌려서 모아 두었다가 다음에 새로운 제품이 나오면 살까?' 동진이는 돈을 어떻게 모을지 열심히 궁리하죠.

✦ 용돈이란?

용돈이란 스스로 판단해서 마음대로 쓸 수 있는 돈이에요. 다시 말하면 일정한 기간 동안 일정한 액수를 자신이 책임을 지고 일정한 계획 아래에 관리하면서 쓰는 돈이지요. 책이나 학
용품을 사라고 주는 돈처럼 이미 쓸 곳이 정해진 돈은 용돈이라고 할 수 없어요. 부모님이 용돈을 주는 이유는 아이가 정해진 한도 내에서 규모 있게 돈을 쓰는 방법을 익히고, 규칙적으로 저금하는 습관을 기르게 하기 위해서예요. 용돈 사용을 생활화하면 주어진 범위 안에서 절제할 수 있는 힘과 최선의 의사 결정을 할 수 있는 능력을 기를 수 있어요. 잘못된 판단으로 비합리적인 소비를 했더라도 자신의 선택으로 생겨난 어려움을 체험하며 해결하는 과정에서 선택의 중요성과 책임의 의미를 배울 수 있지요. 기본적으로 어른이 가계를 관리하는 것과 같기 때문에, 용돈을 제대로 쓸 줄 알면 어른이 되어서도 살림을 꾸려나가는 데 어려움이 없게 돼요. 용돈 쓰는 법을 익히면서 돈을 사용하고 관리하는 법을 서서히 배울 수 있는 거예요.

그래서 용돈은 얼마를 받느냐보다 얼마를 어떻게 사용하느냐가 더 중요해요. 적은 돈을 잘 관리하는 사람이 커서도 큰돈을 잘 관리할 수 있으므로, 용돈을 관리하는 습관을 들이는 것은 매우 중요합니다.

용돈은 초등학생 1~2학년은 1주일에 한 번, 초등학생 3~4학년은 2주에 한 번씩, 초등학생 5~6학년은 한 달에 한 번씩 받는 것이 좋아요. 학년이 높더라도 용돈 관리가 힘든 친구들이라면 처음에는 일주일에 한 번씩 받고, 이후에 늘려 가며 관리하는 습관을 기르는 게 중요해요. 이때 용돈 기입장을 사용하여 스스로 계획을 세워서 지출하도록 해 보세요.

옛날 사람들은 용돈을 자녀에게 시행착오를 겪어 보라고 주는 돈으로 생각했다고 해요. 그에 관련된 이야기로 옛날 중국에는 '오향五香'이라는 육아법이 있었다고 합니다. 갓 태어난 아이에게 젖을 물리기 전 시큼한 초와 짠 소금, 쓴 씀바귀를 맛보게 한 다음 나무의 가시로 혀를 찔러 고통을 준 뒤 마지막으로 달콤한 설탕을 맛보게 했다고 해요. '세상살이란 시고, 짜고, 쓴 맛과 같이 다양한 일들의 연속이다. 또, 때로는 아픈 일도 잘 참고 견뎌야 달콤한 인생을 즐길 수 있다'는 깨달음을 주기 위한 것이었지요.

마찬가지로 우리 친구들 역시 마음대로 쓸 수 있는 용돈을 가지고 시행착오도 겪으면서 용돈 관리를 직접 해 보면 점점 돈 관리를 잘할 수 있게 될 거예요.

록펠러의 '회계 장부 A'

1839년 미국 뉴욕주에서 가난한 가정의 장남으로 태어난 록펠러는 과묵하고 인내심이 강한 아이였어요. 가정 형편은 좋지 않았지만, 록펠러의 어머니는 아무리 어려워도 더 힘든 사람들을 도와야 한다고 가르쳤어요. 그래서 록펠러는 어렸을 때부터 꼭 부자가 되어서 모은 돈을 어려운 사람들에게 나눠주겠다고 결심했어요.

"두고 봐! 가난한 내가 다른 사람들을 돕겠다니 비웃는 친구들도 있지만, 포기하지 않고 열심히 공부하고 노력할 거야!"

어느 날, 록펠러는 야생 칠면조의 알을 집으로 가져왔어요. 알을 부화시켜서 잘 길러 팔 계획이었던 거예요. 일곱 살이던 록펠러의 첫 번째 사업이었지요. 그 후 3년 동안 칠면조를 팔아 모은 돈이 50달러나 되었어요.

록펠러는 늘 근검절약을 강조했던 어머니의 영향으로 10대 때부터 꾸준히 용돈 기입장을 썼어요. 얼마를 벌었고, 얼마를 썼는지 1센트까

지도 꼼꼼하게 적었지요.

이것이 바로 미국 석유왕이자 자선 사업가인 존 데이비슨 록펠러 John Davison Rockefeller의 '회계 장부 A'입니다. 말이 회계 장부이지 허름한 공책에 지나지 않았어요. 요즘 우리가 쓰는 용돈 기입장 같은 것이 록펠러의 회계 장부였지요. 록펠러는 이 회계 장부에 용돈으로 받은 돈, 사용한 돈, 헌금으로 낸 돈 등 그날그날 일기를 쓰는 것처럼 죽을 때까지 '회계 장부 A'를 적었어요.

그는 1855년 16세 때 '휴이트 앤 터틀'이라는 농산물 도매 회사에 취직해 일하면서 돈을 열심히 모았어요. 그리고 4년 뒤인 1859년에는 친구인 모리스 클라크와 함께 농산물 중간 도매업을 시작했어요. 그러다 펜실베이니아에서 석유 광맥이 발견되자 석유 사업의 미래를 내다보고 1863년 클리블랜드에 정유소를 세웠어요. 이후 정유소가 크게 성공하자 1870년 '스탠더드 오일'이라는 석유 회사를 설립해 엄청난 성공을 거두었지요. 33세 때 이미 백만장자가 된 록펠러는 회사를 더욱 성장시켜 미국 내 정유소의 95%를 지배하게 됐고, 그의 회사는 해외에도 유전과 정유소를 가진 거대한 회사가 되었어요.

그런데 록펠러가의 아이들은 자신들이 부잣집에서 태어났다는 인식을 하지 못하고 자랐다고 해요. 아이들은 언제나 용돈을 받기 위해 일을 해야 했고, 그날 쓴 돈에 관해 아버지 록펠러처럼 회계 장부에 적지 않고는 잘 수가 없었다고 하죠.

 록펠러는 자녀들에게 어렸을 때부터 용돈 관리를 하도록 했고, 용돈 교육을 통해 돈 관리 방법을 가르쳤어요. 아이들에게 최소한의 용돈만 주고, 용돈 기입장을 꼭 쓰도록 했어요. 식사 시간에는 음식물을 남기지 않도록 했고, 쓰지 않는 전등은 반드시 끄도록 했지요. 또, 록펠러는 형제들끼리 서로 옷을 물려 입도록 했어요. 그래서 외아들인 록펠러 2세는 일곱 살 때까지 누나들이 입던 옷을 입었다고 해요. 이렇듯 록펠러는 아이들에게 용돈 교육뿐만 아니라 절약하는 습관까지 철저하게 가르쳤어요. 록펠러가의 용돈 교육의 핵심은 아이들에게 용돈을 그냥 주지 않고 뭔가 일을 시킨 후에 그 대가로 준다는 것이었어요. 또, 용돈 기입장을 쓰게 하여 계획적인 경제생활을 하게 만든 것이에요.

 그리고 아이들도 나누는 삶을 살도록 이렇게 말했다고 해요.

 "네가 받은 용돈은 거저 생긴 것이 아니란다. 그러니까 돈이 생길 때마다 일부는 다른 사람을 위해 쓰도록 해라."

 10대에 첫 직장을 가졌고, 30대에 100만 달러를 모았으며, 40대에는 미국 최대의 정유 회사를 차려서 큰돈을 번 록펠러는 자선과 복지 사업에 힘을 쏟았어요.

 "내 꿈은 그저 돈을 많이 버는 부자가 아니었어. 가난한 이웃을 도와주는 진정한 부자가 되는 거야."

재계에서 물러난 록펠러는 록펠러 재단, 록펠러 의학 연구소 등을 세우며 사회에 필요한 일을 하기 시작했어요. 1890년부터 1892년까지 미국 시카고 대학교 설립을 위해 6,000만 달러 이상을 기부하고, 그 후에도 3억 5,000만 달러를 기부했어요. 미국 각 주의 도시에 세워진 공공 도서관도 그가 벌어서 기부한 돈으로 세워진 것이랍니다. 평생 기부한 돈은 5억 달러를 넘었고, 아들의 기부금까지 더하면 25억 달러 이상이라고 해요. 그 결과 록펠러는 그저 돈이 많은 부자가 아닌, 나눔의 정신을 실천한 부자로, '노블레스 오블리주noblesse oblige', 즉 사회 고위층 인사에게 요구되는 높은 수준의 도덕적 의무를 다하는 표상이 되었어요.

'합리적인 경제인'을 만드는
4단계 용돈 관리

 록펠러처럼 '합리적인 경제인'으로 자라나려면 어떻게 해야 할까요? 다른 무엇보다 어릴 때부터 용돈 관리를 잘하는 것이 중요해요. 이때 용돈을 '소비, 저축, 투자, 기부'의 4단계로 나누어 적정하게 배분하여 사용하는 훈련을 하는 것이 좋아요.

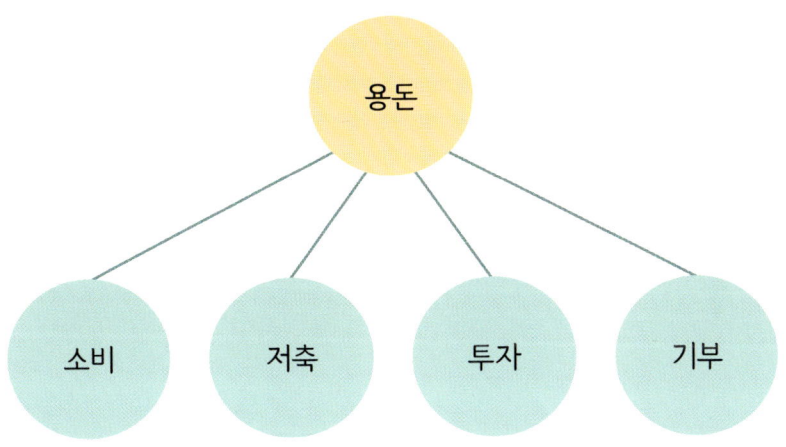

 합리적인 소비, 합리적인 저축, 합리적인 투자와 적정한 기부를 실천하면 자연스럽게 합리적인 경제인으로 자라나게 되는 것이지요.

✦ **1단계: 소비**

먼저, 소비는 게임하기, 군것질하기, 학용품 사기 등 일상생활에서 정기적으로 받는 용돈으로 물건을 구입하는 것을 말해요. 미리 계획을 세우고, 정해진 범위에서 만족감을 느끼는 물건을 사는 것이 합리적 소비의 시작이에요. 이렇게 하면 시간과 금전의 낭비도 줄일 수 있어요. 지출 항목에 오락비를 책정하고, 자신이 알아서 즐겁게 사용하되 절대 한도액을 넘기지 않아야 해요.

소비 지출에서 '예산 제약'은 대단히 중요해요. 예산 제약이란 돈을 무한대로 쓸 수 없다는 뜻이에요. '내가 번 돈의 한도 내에서 써야 한다'는 것은 세상의 법칙인 셈이지요. 경제의 기본인 '한정된 자원'이라는 개념에서 나온 용어예요.

이렇듯 소비 지출을 할 때는 반드시 예산의 한계를 이해하고 자신이 가진 돈의 범위에서 지출하도록 해야 해요. 만약 예산을 뛰어넘는 '과잉 지출'을 해야 한다면 부모님과 상의해서 지출을 결정해야 해요. 부모님은 과잉 지출 금액만큼 보충해 주고 다음번 용돈에서는 그만큼을 빼시겠지요. 이렇게 부모님께 미리 빌린 용돈에 대해서는 일정한 이자를 부모님께 꼭 드리도록 합니다. 그래야 어려서부터 이자에 대한 개념을 머릿속에 심을 수 있으니까요.

✦ 2단계: 저축

두 번째로, 저축은 용돈으로 살 수 없는 물건을 사기 위해, 또는 더 큰돈이 필요할 경우를 대비해 푼돈을 모아 목돈을 마련하는 거예요. 그래서 갖고 싶은 것 중에서도 비교적 값이 비싼 물건에는 어떤 것이 있으며 어느 정도의 돈이 필요한지 알아보는 게 중요해요. 저축은 자신의 꿈을 이루게 해주는 것이라고 할 수 있어요. 어릴 때부터 저축이 주는 기쁨과 성취감을 맛보는 것은 매우 중요해요. 다 쓰고 남아야 저축하는 것이 아니라 용돈 내에서 꼭 써야 하는 돈은 제외하고 저축할 돈을 미리 떼어놓고 나머지 돈으로 소비를 하는 것이 매우 중요함을 잊지 말아야 해요. 경제생활은 습관이고, 실천이 중요하다는 것을 명심하세요.

✦ 3단계: 투자

세 번째로, 투자는 더 큰 돈을 벌기 위해 장기간 돈을 묻어 두는 거예요. 저축이 비싼 물건을 사기 위해 몇 주일이나 몇 달 동안 돈을 모으는 것이라면, 투자는 적어도 10년 이상 저축해 가는 돈을 뜻하지요. 친척들한테 받은 세뱃돈 등 남는 돈이 있다면 모두 모아 자신의 이름으로 된 펀드 통장을 개설하여 스스로 투자해 보는 것도 매우 좋아요. 은행의 이자율이 높을 때는 당연히 은행에 예금해야겠지만, 은행 이자율이 낮을 때는 주식이나 펀드를 사는 것이 더 유리해요. 왜냐하면 은행 이자율과 투자 수익률은 정반대의 관계에 있기 때문이에요.

투자는 기업들에게 자금을 대주는 주식 등을 사는 행위예요. 그러니까 기업이 주식으로 모인 돈(주식 자금)으로 설비 투자를 많이 하여 더 많은 돈을 벌 경우, 당연히 내가 산 주식의 가치가 높아져 나의 투자 수익률도 높아지니 나도 더 많은 돈을 벌게 되는 것이지요. 따라서 투자 행위는 기업에게는 더 많은 돈을 벌 기회를 주고, 투자자도 부자로 만들어 준다고 할 수 있어요.

✦ 4단계: 기부

네 번째로, 기부는 어려운 이웃을 돕기 위해 용돈의 일부를 내놓는 일이에요. 더불어 살아가는 지혜와 태도를 익히는 데 꼭 필요한 일이지요. 용돈의 일정한 부분을 떼어서 어릴 때부터 기부하는 습관을 몸에 익혀 보다 나은 사람으로 성장할 수 있도록 노력해야 해요.

이러한 4단계 용돈 관리를 실천하려면 용돈을 어떤 비율로 나누는 것이 좋을까요? 용돈의 규모와 가정 형편, 개인의 성향에 따라 다르겠지만, 대략 소비 30%, 저축 30%, 투자 30%, 기부 10% 정도의 비율이 바람직해요.

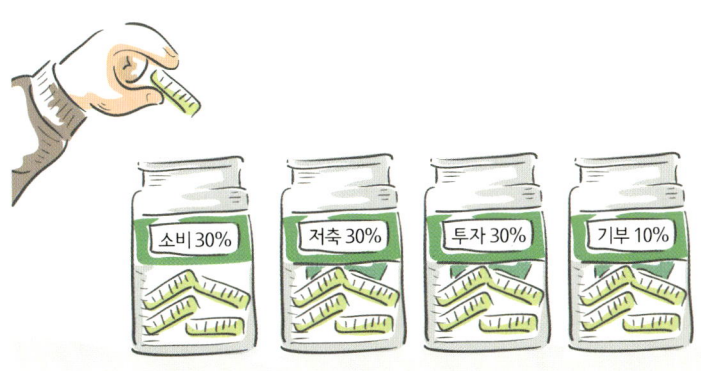

용돈 기입장 쓰는 법 Q&A

Q 용돈 기입장을 꼭 써야만 하는 이유를 다시 한번 말씀해 주신다면요?

A 용돈은 꼭 예산의 범위 내에서만 사용하는 것을 규칙으로 삼는 게 좋아요. 용돈을 사용할 때 그 돈이 '한정된 자원'이라는 생각을 하지 못하면 용돈 관리를 제대로 할 수가 없어요. 이런 '예산 제약'의 상황을 정확히 이해하고 어떤 것을 먼저 구입하고 어떤 것을 나중에 구입할 것인가, 오늘은 얼마를 쓰고 내일은 얼마를 쓸 것인가, 얼마를 저축하고 얼마를 기부하고 얼마를 투자할 것인가에 대한 계획을 효과적으로 세워 합리적인 경제생활을 하기 위해서는 용돈 기입장 작성이 필수입니다. 용돈 기입장은 힘들게 번 돈이 어디로 흘러가는지 알려 주는 유일한 도구예요. 또, 어릴 때부터 활용할 수 있는 가장 훌륭한 '재정 관리 보물'임을 명심하세요.

Q 용돈 기입장을 쓰면 어떤 효과가 있을까요?

A 먼저 자기가 쓰는 돈의 흐름이 보이죠. 또 소소히 빠져나가는 돈도 보이면서 잘못된 지출을 바로잡을 수 있고, 자신에게 적당한 돈의 흐름은 어떤 것인지를 알 수 있어요.

Q 용돈 기입장을 쓸 때 효과적인 방법이나 주의할 점에는 무엇이 있나요?

A 첫째, '중요도' 칸에 꼭 필요한 지출은 A, 사서 좋았던 것은 B, 없어도 되는 것은 C라 적어요.

둘째, C 항목에 빨간 줄로 밑줄을 그으며 다시는 낭비 지출을 하지 않겠다고 다짐하세요.

셋째, 지출한 내용을 수첩이나 다이어리에 그때그때 메모해 두었다가 일주일에 한두 번 용돈 기입장에 빠짐없이 기록하세요.

이렇게 점검을 하고 모아야 하는 이유는 미래를 준비하기 위해서라는 점을 기억해야 해요.

용돈 기입장의 예

날짜	내 용	수 입	지 출	잔 액	중요도

쏙쏙! 금융 용어

인플레이션(inflation)
화폐 가치가 하락하여 물가가 전반적으로 계속 상승하는 경제 현상, 즉 돈이 물건보다 더 많이 만들어져 돈 가치가 떨어지게 돼 물가가 오르는 현상입니다.

디플레이션(deflation)
시장에 한 재화(물품)의 공급이 수요 이상으로 많아지면, 그 재화의 가격은 떨어지게 됩니다. 이렇게 시장에 재화가 수요 이상으로 공급되어 재화의 가격이 떨어지는 현상을 말합니다.

신탁
고객이 재산을 맡기면 이를 목적에 맞게 관리해 주면서 '신탁 보수'라고 하는 수수료를 받는 금융 서비스입니다.

스태그플레이션(stagflation)
불경기 속에서도 물가가 계속 상승하는 현상입니다.

콜금리
은행과 은행 사이의 일일 거래에 적용되는 금리로, 한 은행이 다른 은행으로부터 1일 기한으로 돈을 빌릴 때 적용되는 금리입니다.

국제 통화 기금(IMF: International Monetary Fund)
유엔 산하 국제 금융 기관으로, 브레턴우즈 협정에 따라 가맹국의 출자로 공동의 기금을 만들어서 각국이 이용하도록 함으로써 외화 자금의 조달을 원활히 하고, 나아가서는 세계 각국의 경제적 번영을 도모하기 위하여 설립한 국제 금융 결제 기관입니다.

밴드 왜건 효과(bandwagon effect)
어떤 행사나 퍼레이드를 할 때 맨 앞에서 악대가 탄 마차(밴드 왜건)가 행렬을 선도하던 데서 유래된 말입니다.

예산
일정 기간 들어올 것으로 예상되는 수입에 대한 지출 계획입니다.

노블레스 오블리주(noblesse oblige)
사회 고위층 인사에게 요구되는 높은 수준의 도덕적 의무를 말합니다.

〈참고 문헌〉

- 김상규 『생각학교 초등 경제 교과서 1~5권』 사람in
- 김상규 『속담 먹고 경제 잡고』 공동체
- 김상규 『캥거루족, 주머니에서 탈출』 그루
- 김상규 『왜 세상에는 가난한 사람과 부자가 있을까요?』 나무생각
- 김상규 "김상규 교수의 동화로 배우는 경제" 소년한국일보 연재
- 네이 마사히로 『세계를 움직인 경제학 명저 88』 한국경제신문사
- 라파엘 배지아그 『억만장자 시크릿』 토네이도
- 존 롤즈 『정의론』 이학사
- 장 자크 루소 『사회계약론』 삼성출판사, 예림당
- 버나드 리테어 『돈 그 영혼과 진실』 참솔
- 버나드 맨더빌 『꿀벌의 우화』 문예출판사
- 멘슈어 올슨 『지배권력과 경제번영』 나남출판
- 모리스 H. 돕 『자본주의 발전연구』 광민사
- 르드비히 폰 미제스 『경제적 자유와 간섭주의』 자유기업센터
- 르드비히 폰 미제스 『자유주의』 자유기업센터
- 존 스튜어트 밀 『자유론』 삼성출판사
- 박철용 외 『중학교 행복한 금융투자교실』 전국투자자교육협의회
- 박형준 외 『중학교 생활 금융』 금융감독원
- 윌리엄 번스타인 『부의 탄생』 시아
- 막스 베버 『사회경제사』 삼성출판사
- 막스 베버 『프로테스탄티즘의 윤리와 자본주의 정신』 길
- 소스타인 베블런 『유한계급론』 우물이있는집
- 브라이언 아서 『복잡계 경제학 1』 평범사

- 사마천 『史記』 아이템북스
- 사마천 『사기열전』, 「화식열전:貨殖列傳」 연암서가
- 사마천 『사기열전1』, 『사기열전2』, 『사기열전3』 민음사
- (사)한국YECA연합회 『금융교실』 (사)한국YECA연합회
- 제프리 D. 삭스 『문명의 대가』 21세기북스
- 애덤 스미스 『도덕감정론』 한길사
- 신동준 『사마천의 부자경제학』 위즈덤하우스
- 오영수 『30일 역전의 경제학』 이담북스
- 이재규 『재미있는 기업이야기』 21세기북스
- 조지 베일런트 『행복의 조건』 프런티어
- 존 로크 『통치론』 삼성출판사
- 존리 『존리의 금융문맹 탈출』 베가북스
- 존 케네스 갤브레이스 『경제사여행』 고려원
- 장경호 외 『고등학교 생활금융』 금융감독원
- 천상희 외 『우리 아이 첫 돈 공부』 오리진하우스
- 밀튼 프리드만 『화려한 약속, 우울한 성과』 나남
- 밀튼 프리드만 『자본주의와 자유』 형설출판사
- 프리드리히 A. 하이에크 『자본주의냐 사회주의냐』 문예출판사
- 한진수 외 『초등학교 슬기로운 생활금융』 금융감독원
- 새뮤얼 헌팅턴 『문명의 충돌』 김영사
- 스티븐 호킹 『시간의 역사』 삼성출판사
- 프랜시스 후쿠야마 『역사의 종말』 한마음사
- 프랜시스 후쿠야마 『트러스트』 한국경제신문사

- Buchholz, T. G.(1989). *New Ideas from Dead Economists.* A Plume Book.
- Deaton, A.(2013). *The Great Escape-health, wealth, and the origins of inequality.* Princeton University Press.
- Fukuyama, F.(1995). *TRUST: The Social Virtues and the Creation of Prosperity.* New York : A Free Press Paperbacks Book.
- Fusfeld, D. R.(1986). *The Age of the Economist(5th ed.).* Tower Press.
- Galbraith J. K.(1978). *The Age of Uncertainty.* Houghton Mifflin.
- Gwartney, J.(2005). *Common Sense Economics.* St. Martin's Press.
- Hochman, H. M. and Rodgers, J. D.(1969, September). "Pareto Optimal Redistribution," American Economic Review, Vol. 59, No. 4.
- Keynes, J. M.(1936). *The general theory of employment, interest and money.* Macmillan.
- Laura Brady(2005), *A Girl's Guide to Money.* Ulysses Press.
- Levi, M.(1985). *Thinking Economically : How Economic Principles Can Contribute to Clear Thinking.* Basic Books.
- Marshall, A.(1890). *Principles of Economics.* Macmillan & Co Ltd.
- Mankiw, N. G.(2013). *Principles of Economics(Asian Edition).* Cengage Learning.
- Milton & Rose Friedman(1980). *Free to Choose.* Harcourt Brace Jovanovich.
- North, D. C.(1990). *Institutions, Institutional Change and Economic Performance.* Cambridge University Press.
- Olson, M.(1996, Spring). "Big bills left on the sidewalk : why some nations are rich, and others poor," Journal of Economic Perspectives, Vol.10, No. 2.
- Rawls, J.(1971). *A theory of Justice.* Harvard University Press.
- Schumpeter, J. A.(1942). *Capitalism, Socialism and Democracy.* Harper & Row.
- Smith, A.(1776), Edited by R. H. Campbell and A. S. Skinner. *An Inquiry into the Nature and Causes of the Wealth of Nations.* Clarendon Press
- Thurow, L. C.(1985). *The Zero-Sum Solution.* Simon and Schuster Inc.

〈언론 기사 및 기타〉

- "노벨상 휩쓴 유대인의 힘, 어디서 나오는 것일까?", NEXT ECONOMY, 2018.06.03.
- "마지막 '버핏과의 점심'은 246억원", 네이트뉴스, 2022.06.18.
- "미국 401k처럼…한국도 '연금 백만장자'길 열린다", 한국경제신문, 2022.06.19.
- "미국 주식 섹터별 대표 기업 및 2021년 수익률", https://donnamu13.com/12
- "오늘날 유대인의 위상을 만들어낸 '하브루타' 교육이란 무엇인가?" 조선에듀, 2022.02.09.
- '행복한 100세 시대' 위한 조건들' 한국경제신문, 2022.06.16.
- https://brunch.co.kr/@erniekim12/17
- http://www.nexteconomy.co.kr

〈사진 출처〉

- 셔터스톡 www.shutterstock.com
- creative commons creativecommons.org